Wir entdecken phantastische Welten

Edition Psychologie und Pädagogik

Sylvia Schopf

Wir entdecken phantastische Welten

Spielgeschichten für Kindergarten und Vorschule

Matthias-Grünewald-Verlag · Mainz

Illustrationen von Sylvia Schopf

Die Deutsche Bibliothek – CIP-Einheitsaufnahme

Schopf, Sylvia:
Wir entdecken phantastische Welten : Spielgeschichten für Kindergarten und Vorschule / Sylvia Schopf. – Mainz : Matthias-Grünewald-Verl., 1998
(Edition Psychologie und Pädagogik)
ISBN 3-7867-2110-6

Umschlag: Harun Kloppe, Mainz, unter Verwendung eines Bildes von Johannes Wöhrlin
Druck und Bindung: Clausen & Bosse, Leck

ISBN 3-7867-2110-6

Inhalt

I. Einleitung: Phantasie im Spiel

Für jüngere Kinder sind über lange Zeit die Dinge ihrer Umgebung noch allumfassend belebt. Sie schimpfen mit dem Schuh, der nicht passen will, und schlagen die Tür, gegen die sie gerannt sind. Sie machen noch nicht die strikte Unterscheidung zwischen wirklich und vorgestellt, so daß für sie problemlos im Spiel aus einem Tisch ein Palast wird und ein Baustein zu einem hochmodernen Telefon oder einem Stück Kuchen. Die Ritzen zwischen den Pflastersteinen werden zu Grenzen, die man nicht berühren darf, oder man wird verzaubert. In ihrer Vorstellung kann unter dem Pflaster noch der Strand liegen, wo wunderbare und spannende Abenteuer auf sie warten. In ihrer Phantasiewelt können Kinder endlich mal groß und mächtig sein. Sie haben das Sagen und sind König und Herrscher. Träume und Wünsche, Erlebtes und Gesehenes fließen ein in die Phantasie, die es so dringend braucht, damit sich auch Kreativität und produktives Denken entwickeln können, was wiederum wichtig ist für eine positive Auseinandersetzung mit dem eigenen Existieren.

Phantasie, wie alle schöpferischen Fähigkeiten, benötigt Zeit und Raum, um sich zu entwickeln, sowie Anregungen, aus denen sie sich speist. Hier ist der Erwachsene gefragt (und gefordert), der zum einen diese Zeit und Räume schafft und zum anderen die Traum- und Phantasiewelten (die eigenen wie die der Kinder) ernst nimmt. In gemeinsamen Gesprächen, Aktionen und Erlebnissen können Ideen, Wünsche und Träume fabuliert und erzählt werden, so daß eigene Vorstellungen und Bilder entwickelt und ausgelebt werden können – trotz und gerade wegen der Überfülle an vorgefertigten Bildern aus der Medienwelt. Besonders solche Spiele, die Denk-, Aktions- und Fabulierräume lassen, geben Kindern die Möglichkeit, ihre (besonderen) Fähigkeiten einzubringen und ihre Phantasie auszubilden, so daß plötzlich das zurückhaltende Kind „auftaut" und sich gar als ideenreicher Mitspieler zeigt. Oder dem Außenseiterkind können spielerisch Möglichkeiten geboten werden, einzusteigen – im wahrsten Sinne des Wortes – ins Spiel und letztendlich auch in die Gruppe. Dort, wo Phantasie zugelassen und gefördert wird, kann sich das kindliche Selbstvertrauen entwickeln bzw. gestärkt werden. Eine Basis wird geschaffen für stabile Selbstwertgefühle sowie die Fähigkeit, sich mit der Umwelt kritisch auseinanderzusetzen. Und das – so heißt es von seiten der Suchtprävention – macht Kinder seelisch widerstandsfähiger gegen eine spätere Suchtgefahr, eine Problematik, die zunehmend auch in die Bereiche von Schule und Kindergarten hineinreicht.

Spielgeschichten anleiten

Ein wichtiger und möglicher Ort für das Entstehen und Fördern von Phantasie ist zum Beispiel das von der Erzieherin oder Lehrerin angeleitete Spiel, das mit seinen einfachen Handlungen und Geschichten deutlich vom Freispiel der Kinder abzusetzen ist. Im angeleiteten Spiel gibt es für die Spielgruppe deutliche Vereinbarungen und Absprachen, z.B. über

- die Ausgangssituation: Wir befinden uns in einem Flugzeug. Wir stehen vor einer verschlossenen Geheimtür usw.
- den Ort oder die Orte des Geschehens: Gibt es eine Art Bühne oder wird der gesamte Raum bespielt, und wenn ja, wo befinden sich die jeweiligen Örtlichkeiten?
- die beteiligten Akteure und deren Handlungsspielraum: Wer von einem Zauberer mit seinem magischen Stab berührt wird, verwandelt sich gemäß dessen Verzauberungsspruch. Das Flugzeug wird von einem Piloten gesteuert, der jeweils die Flugsituation (Kurven, Hoppeln usw.) anzeigt; die Fluggäste reagieren darauf, ohne selbst Einfluß nehmen zu können.
- über besondere Bedingungen: Wer diese Grenze (ein Seil) überschreitet, wird zu Stein und kann sich nicht mehr bewegen. Die Verfolgten können sich auf eine Insel (eine markierte Stelle im Raum) zurückziehen, sind dort vor Verfolgern sicher und können auch nicht gefangengenommen werden.

Diese Abmachungen stellen einen offenen und auch verbindlichen Spielrahmen für alle Beteiligten her, der das gemeinsame Spielen in einer größeren Gruppe erst ermöglicht. Zu den Aufgaben der Spielleitung gehört es, den Kindern die Spielbedingungen darzulegen und auf deren Einhaltung zu achten, damit das Spiel nicht aus dem Ruder bzw. Rahmen läuft

und sich verselbständigt, um schließlich zum Verdruß aller im Sande zu verlaufen.
Wichtig ist es jedoch, trotz aller Regelungen auch offen zu sein, auf Ideen und Vorschläge aus der Kindergruppe einzugehen und diese, wenn möglich, ins Spiel zu integrieren. Wieviel Offenheit man zulassen kann/darf/soll, ist eine Gratwanderung, die in jeder Situation neu entschieden werden muß und für die es keine festen Regelungen gibt. Hilfe für ein ins Stocken geratenes Spiel jedenfalls können neue Anregungen und Impulse sein, die den Spielfluß wieder in Gang bringen. Oder vielleicht ist es auch einfach Zeit, das Spiel zu beenden, weil die Konzentration oder die Spiellust aufgebraucht sind oder, ... Die Gründe können vielfältig sein, so daß man die jeweilige Spieldauer von der aktuellen Situation und Stimmung der Gruppe abhängig machen sollte.
Eine wichtige äußere Voraussetzung für das Spiel ist ein ausreichend großer Spiel- und Bewegungsraum, in dem es nicht allzuviel Ablenkendes gibt (dazu gehören Spielmaterial ebenso wie Geräusche). Besondere Materialien oder Spielvoraussetzungen braucht es nicht. Mit Hilfe von Gebrauchsutensilien wie Stühlen, Seilen, Holzreifen, Tüchern, Bällen, Kissen u.ä. lassen sich Örtlichkeiten und Spielräume markieren bzw. gestalten. Oder diese Gegenstände werden phantasievoll genutzt: So wird aus einem Stuhlkreis ein Hexenkessel, aus Seilen oder Tüchern wird ein Kanu gelegt usw. Also dann, gute Fahrt ins Reich der Abenteuer und Entdeckungen, in fremde (Traum- und Wunsch-)Welten, die wir auf den Flügeln der Phantasie erreichen!

2. Auf Erkundungsfahrt

Ferne Welten entdecken, das Unbekannte erforschen, Abenteuer bestehen, Fremdes erkunden sind beliebte und immer wiederkehrende Spielthemen bei Kindern, in denen sich auch spiegelt, wie sie ihre (Um-)Welt erleben. Aber so spannend, anregend und interessant das Unbekannte, Neue und Fremde einerseits ist, so sehr kann es auch Angst machen. Das freie ebenso wie das szenisch angeleitete Spiel sind für das Kind Möglichkeiten, im Spiel den Umgang mit Neuem und Unbekanntem zu erproben und eigene Erlebnisse und (Reise-) Erfahrungen zu verarbeiten. Der Erwachsene leitet mal als „Reiseführer/in", mal in der Rolle der Stewardeß oder des Steuermanns das Spiel und die Übungen an. Die Kinder sind die „Reisegesellschaft", die von der fachkundigen Leitung durch die verschiedenen Spieletappen begleitet und geführt werden. Also auf zur Spielreise, um spannende Abenteuer zu bestehen, um Gesehenes, Gehörtes und Erlebtes zu „verdauen". Zum Glück kann man eine Spielreise jederzeit unterbrechen und nach Bedarf wieder in den Alltag, die Spielgruppe des Kindergartens, zurückkehren – bis einen Reiselust und Abenteuerfieber erneut packen.
Anlaß und Auslöser dafür kann ebenso die (bevorstehende oder gerade zu Ende gegangene) Urlaubs- und Ferienzeit sein wie eine Spielsituation aus dem Kindergartenalltag.
Als Einstieg und Einstimmung kann man mit der

Kindergruppe zum Beispiel einen Ausflug machen, bei dem man gemeinsam einen Bahnhof besucht. Oder vielleicht gibt es in der Nähe einen Flughafen, auf dem man hautnah die verschiedenen Aspekte des Verreisens und Wegfahrens erleben kann: Ankunft und Abflug, Abschiednehmen und Wiedersehen, Durchsagen, Schalter, Fahrkarten, Fahrpläne, Gepäcktransport (Kofferwagen), Rolltreppen, Geschäfte usw. Mit einem Sachbilderbuch kann man den Ausflug vor- oder nachbereiten. Anhand der Bilder wird die Aufmerksamkeit auf charakteristische Merkmale oder Details der Örtlichkeit gelenkt und Erinnerungen an eigenes Erleben wachgerufen.

Unterwegs: Fortbewegungsmittel

Darstellungsspiel

Anmerkung: Erkennen typischer Merkmale für die verschiedenen Transportmittel und wie man sie im Spiel darstellen kann

Material: keines

Ausgangssituation:

Verreisen und Wegfahren heißt immer, daß man seinen Standort verläßt und sich an einen anderen Ort begibt. Welche Möglichkeiten der Fortbewegung gibt es? „Wir sind mal mit dem Auto zur Oma gefahren. Das ging ganz schnell. Aber als wir nach Italien gefahren sind, da hat es ganz, ganz lange gedauert." – „Ich bin schon mal mit meinem Papa mit dem

Fahrrad weggefahren. Das hat auch ganz lange gedauert." – „Wir fahren manchmal mit der Eisenbahn in Urlaub." – „Ich bin schon mit dem Flugzeug verreist. Da waren wir ganz hoch oben im Himmel." – „Ich bin aber auch schon mal auf 'nen Berg raufgeklettert. Da haben wir alle ganz arg geschwitzt." Im Gesprächskreis werden mit den Kindern die typischen Merkmale des jeweiligen Transportmittels besprochen.

Wir probieren:
die verschiedenen Tätigkeiten für das jeweilige Transportmittel darzustellen: Beim Wandern/Gehen werden vor allem die Füße bewegt. Es geht steil bergan und das Gehen fällt schwer. Man kommt ins Schwitzen. Vielleicht hat man einen Stock, auf dem man sich abstützt. Beim Fahrrad hält man mit den Händen eine Lenkstange, verfügt über eine Klingel (Geräusche machen), um zu warnen, und um vorwärts zu kommen, muß man mit den Beinen kräftig treten (Knie im Wechsel hochziehen). Achtung: Bei einer Fahrt mit einem Riesentandem (für die gesamte Gruppe) müssen alle gleichzeitig in die Pedalen treten. Das Auto hat einen Fahrer, der das Steuer übernimmt und den Motor anläßt (Geräusche). Die Fahrgäste steigen durch eine Tür ein und schnallen sich an. Bei Gefahr hupt der Fahrer und muß manchmal auch bremsen, so daß es quietscht. Der Bus wird von einem Fahrer gelenkt, der die Türen auf Knopfdruck öffnet und auch Fahrscheine verkauft. Im Zug gibt es einen Schaffner, der mit einem Signal (z.B. einer Trillerpfeife) das Abfahrtszeichen gibt. Durch-

Tandem

sagen kündigen die nächste Station an. Der Pilot des Flugzeuges ist über Funk mit dem Flughafen in Kontakt und erhält von dort Anweisungen. Stewardessen kümmern sich um die Fluggäste, die im Laufe des Fluges mit einem Imbiß oder Essen versorgt werden. Auch hier heißt es: „Bitte anschnallen!"

Nah und fern

Zuordnungsspiel

Anmerkung: die Weltkugel als eine abstrakte, zeichenhafte Umsetzung geographischer Verhältnisse kennenlernen; Entfernungen erleben, sicht- und faßbar machen

Material: eine Weltkugel (auch: eine Landkarte oder ein Stadtplan); ein Stuhl

Ausgangssituation:

Wohin soll die Reise überhaupt gehen? „Ans Meer – in die Berge – zu meiner Oma – auf die Insel – zu einer Mühle – ganz weit weg, dorthin, wo noch niemand war", schlagen die Kinder vor. Auch Orte und Länder werden benannt, in denen sie schon einmal in Urlaub waren. Aber wo in aller Welt befinden sich diese Örtlichkeiten, und wie weit weg von zu Hause sind sie? Wir schauen uns die Weltkugel an. „Gell, das Blaue ist alles Wasser. Da kann man mit dem Flugzeug drüberfliegen!", weiß Lukas. – „Aber wir sind auch schon mal mit dem Schiff drübergefahren", erwidert Anna, und erzählt, wie sie mit ihren Eltern im letzten Urlaub auf einer Insel war. „Und wo sind wir?" will Janis wissen. Wir suchen Europa, Deutschland und dann unseren Wohnort. Ein Finger hält den Wohnort als Ausgangspunkt unserer Reise fest. Dann suchen wir jene Orte und Länder, die wir bisher bereisten oder in denen Verwandte (Großeltern, Tanten, Onkels, Cousins), Freunde, Bekannte wohnen. Mit Schnur oder dicker Wolle messen wir die jeweiligen Entfernungen ab, so daß es für jede Verbindung einen entsprechend langen oder kurzen Faden gibt. Hält man diese nebeneinander, werden die unterschiedlichen Entfernungen für alle sichtbar.

Wir probieren:
In einer Raumecke steht der „Heimatstuhl", auf dem ein Kind (oder die Spielleiterin) sitzt. Die anderen bekommen nun die Aufgabe, sich in bezug zum „Heimatstuhl" zu plazieren, und zwar:

- so weit/so nah wie möglich;
- so daß man auf den Stuhl herunterschaut/hinaufschaut. Was sieht man jetzt von der Person auf dem Stuhl?;
- so, daß man den Ausgangspunkt (den „Heimatstuhl") nicht mehr sieht;

nimmt jeder einen beliebigen Platz ein. Wie werden die eigene Entfernung und die der anderen eingeschätzt? Also: Wer ist dem Heimatstuhl am nächsten bzw. am entferntesten? Mit Hilfe eines Zollstockes oder Maßbandes läßt sich der genaue Abstand nachmessen.

Variation:
Wenn man mit dem Flugzeug unterwegs ist, sieht die Welt unter uns ganz anders aus. Auch bei der Fahrt mit dem Auto oder Zug verändert sich die Wahrnehmung. Was sehen wir z.B., wenn wir einen möglichst vielgestaltigen Gegenstand (z.B. einen bemalten Bauklotz, ein Bilderbuch, ein Spielauto) aus verschiedenen Perspektiven betrachten: von oben – aus der Hocke – aus dem Liegen – von unten- von ganz nah – aus großer Ferne? Was kann man aus der jeweiligen Perspektive noch oder nicht mehr erkennen?

Reisefitness

Einstiegsspiel; Körperübungen zur Koordination und Beweglichkeit – alle machen das gleiche

Anmerkung:	eignet sich auch als Zwischenspiel, um z.B. überbordenden Bewegungsdrang abzubauen und zu kanalisieren
Material:	keines

Ausgangssituation:
Wer sich auf eine (Abenteuer-)Reise begibt, sollte fit, beweglich und auch standfest sein.

Wir probieren:
Alle stehen im Kreis und lassen verschiedene Körperteile kreisen: einen Arm/beide Arme, die Hände, einen Finger, den Kopf, die Augen, mal den rechten, mal den linken Fuß, das Knie, den Bauch, den Po ... (Richtung, Tempo und Rhythmus variieren). Zum Schluß: alle Körperteile nacheinander gut ausschütteln.
Weiter geht es mit den Füßen:
Wie lange kann man auf dem rechten/dem linken Bein stehen? Wer schafft es, auf einem Bein zu stehen und dabei die Augen zu schließen?
Wir stehen auf beiden Beinen, und die Füße sind ganz dicht nebeneinander. Im Gegensatz dazu: Wie weit können wir die Füße auseinanderstellen ohne zu fallen?
Wir bewegen uns kreuz und quer im Raum mal mit Riesenschritten, mal im Gänsefüßchenschritt (Fuß vor Fuß), schlurfen über den Boden, hüpfen nach Vogelart (mit geschlossenen Füßen) oder, wie ein Frosch, galoppieren wie ein Pferd, staksen wie ein Storch, marschieren stocksteif wie eine Holzfigur, schleichen auf leisen Sohlen wie eine Katze, hoppeln wie ...

Kofferpacken

Rate- und Darstellungsspiel; Gruppenspiel

Anmerkung: geeignet für den Einstieg und um Wahrnehmung und genaues Beobachten zu fördern

Material: eine handliche Schaumgummimatratze oder ein großes Kissen (als Koffer)

Ausgangssituation:

Zu jedem Wegfahren gehört das Einpacken von Sachen, die man benötigt, und solchen, die man auch weit weg von zu Hause nicht vermissen möchte, wie das Lieblingsspielzeug. Eine handliche Schaumgummimatratze oder ein großes Kissen ist unser Koffer, den man durch das Drehen eines imaginären Verschlusses öffnet. Das Entriegeln wird von einem kurzen, einfachen Geräusch begleitet (z.B. „Klick"). Erst jetzt kann man den gedachten Kofferdeckel anheben, und siehe da: In einer Ecke des Koffers entdeckt die Spielleiterin etwas, holt das Etwas heraus und beschreibt es im folgenden der Spielgruppe. Zum Beispiel: Es ist aus Stoff, weich, hat ein Blümchenmuster, ist zusammengelegt etwa so groß (Größe mit den Händen umreißen), und man braucht es zum Beispiel, um ... (Die Spielleitung benutzt den gedachten Gegenstand und spielt „niesen", „Naseputzen", „Mund abwischen" oder „Schweiß von der Stirn tupfen".) Wer errät, um was es sich handelt? Ganz klar: Es ist ein Taschentuch. Ach, in der anderen Kofferecke liegt ja noch eines. Wem gehört das denn? Sollte keines der Kinder den Spielimpuls aufgreifen, kann man ein Kind bitten, es herauszuholen. Damit alle in der Spielrunde das „als-ob" am Beispiel des Taschentuches ausprobieren können, werden die Kinder gebeten, ein imaginäres Taschentuch aus ihrer Hose oder ihrem Rock herauszuholen und es zu benutzen. Nach dem ersten Probedurchlauf mit dem Taschentuch kann das Kofferpacken beginnen. Was nehmen wir mit? In der Gruppe werden Vorschläge gesammelt: „Taucherbrille, Flossen, Bilderbuch, Sandschaufel, Zahnbürste, Medizin, Waschlappen, ..."

Wir probieren:
die verschiedenen Gegenstände durch kurze Aktionen (Zähneputzen, auf den Kopf setzen, hineinbeißen, im Arm wiegen) gestische Darstellung und/oder Beschreibungen darzustellen. Als Hilfe für die Darstellung: Ist „das Ding" groß oder winzig klein, schwer oder sperrig, hält man es mit beiden Händen wie eine Schachtel/einen Ball, oder umgreift man es mit den Händen wie ein Glas/einen Apfel? Jedes Kind bekommt die Aufgabe, sich eine Mitnahmesache auszudenken, und reihum stellen alle Mitspieler ihre Sache dar. Hat die Gruppe den Gegenstand erraten, packt das Darstellerkind „seine Sache" in den Spielkoffer – und zwar in der zu Beginn vorgeführten Weise: Mit einer Drehbewegung und einem begleitenden Geräusch wird der Verschluß entriegelt und der Koffer geöffnet. Sind am Ende der Spielrunde alle Gegenstände eingepackt, wird der Koffer zugeklappt. Oh je! Wenn wir Pech haben, ist er so voll, daß er nicht mehr zugeht. Vielleicht klappt es,

wenn mehrere Kinder beim Schließen helfen. Notfalls können wir auch einen Teil der Sachen in einem zweiten Spielkoffer verstauen. Zum Schluß erhält jedes Kind noch ein eigenes Gepäckstück (für das Lieblingsspielzeug, persönliche Sachen, Reiseproviant oder eine Portion Wünsche). Dabei stehen zur Auswahl: der Rucksack, den man auf den Rükken hievt/die Reisetasche, die man umhängt/der Koffer, den man in der Hand trägt. Wenn alle ihr persönliches Gepäckstück ergriffen/geschultert/umgehängt haben, kann es losgehen. Also auf zum Bahnhof, zur Straßenbahn, zum Bus, zum Flughafen oder zum Auto!

Der Fahrkartenautomat

Darstellungsspiel
Anmerkung: die Funktionsweise eines Gegenstandes spielerisch umsetzen
Material: keines

Ausgangssituation:
Fahrscheine bekommt man entweder an einem Schalter oder an einem Automat. Die meisten Kinder kennen inzwischen Fahrkartenautomaten, und einige wissen auch etwas über ihre Funktionsweise. „Da gibt's Knöpfe zum Drücken, und dann muß man da Geld reinstecken. Dann rattert es so, und danach kommt unten ein Fahrschein raus."

Wir probieren:
Ein Kind spielt den Fahrkartenautomaten: Die Finger der senkrecht aufgestellten Hand sind die Tastatur, auf der man das Fahrziel eintippt. Werden die Tasten betätigt, geben sie jeweils einen (anderen) Ton von sich. Der „Automat" sagt den Fahrpreis an, und man tut so, als würde man das gewünschte Geld in den Schlitz (z.B. der geöffnete Mund) werfen. Der Automat schließt die Klappe, es rumort und rattert (das Geld wird „verdaut"), und schließlich gibt der Automat einen Fahrschein aus: Ein Arm wird nach vorne gestreckt und die zur Faust geschlossene Hand öffnet sich.

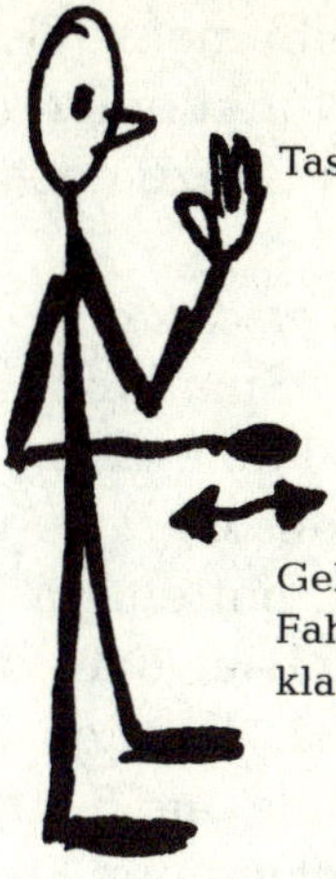

Variation:
Wie überall kann es auch mit einem Automat Probleme geben, die das Gerät anzeigt: Es tönt z.B.: „Störung! Stö-stö-störung!" Oder: Trotz Geldeinwurf gibt er keinen Fahrschein aus/nimmt kein Geld an, seine Klappe bleibt einfach geschlossen. Vielleicht spielt das Gerät verrückt, weil man zu viele Tasten gedrückt hat, oder der Automat verlangt plötzlich „Futter" (seine Klappen klappern, die Tastatur krallt sich zusammen). Ob der herbeigerufene Reparateur Abhilfe schafft? Sollte das nichts helfen, gibt es nur noch eine Lösung: den Strom abschalten. Dann hat der Automat keine Energie mehr, erstarrt und rührt

sich nicht mehr. Vielleicht gibt es irgendwo ein anderes, funktionierendes Gerät, und dort probieren wir das Ganze noch einmal.

Bastelvorschlag:
Für das Spiel kann man Geld und Fahrscheine aus festem Papier/Pappe basteln und bemalen. Die Tastatur des Gerätes wird auf Papier oder Pappe aufgemalt, mit einem Faden versehen, so daß man es dem Spieler oder der Spielerin wie eine Kette um den Hals hängen kann. Die Aktionen von Geldaufnahme und Fahrkartenausgabe werden dann mit entsprechenden Handbewegungen dargestellt: Die eine Hand nimmt das Geld an, die andere gibt den Fahrschein aus.

„Bitte alles einsteigen, wir heben ab!"

Szenisches Spiel mit Gruppen- und Einzelaktionen
Anmerkung: fördert und fordert das Zusammenspiel in und mit der Gruppe
Material: so viele Stühle wie mitspielende Personen

Ausgangssituation:
Das Flugzeug besteht aus zwei Stuhlreihen mit einem Durchgang in der Mitte und einem einzelnen Stuhl an der Spitze. Das ist der Sitz des Flugkapitäns. Bevor das Einsteigen beginnt, wird festgelegt, wer diese Rolle übernimmt (oft gibt es auch einen

Co-Piloten). Die Spielleitung übernimmt die Rolle der Stewardeß/des Stewards.

Spielverlauf:
Am Eingang des Flugzeuges steht die Stewardeß/der Steward, begrüßt die Fluggäste, kontrolliert die Fahrscheine und weist die Plätze an. Haben alle Platz genommen, gibt die Stewardeß Hinweise für den Flug (z.B. „Nicht unterwegs aussteigen!" – „Den Anordnungen des Flugpersonals ist Folge zu leisten.", usw.). Dann demonstriert sie den Fluggästen das Schließen des Sicherheitsgurtes: Man holt je rechts und links am Sitz die beiden Gurtteile hervor, die mit einem „Tschong" über dem Bauch ineinandergeklickt werden. Dann sind die Fluggäste startbereit. Der Kapitän holt sich über Funk die Starterlaubnis und läßt dann die Motoren an (ein entsprechendes Geräusch wird vom Kapitän oder allen Spielern gemacht). Und los geht es: Die Motoren heulen auf, immer stärker, und als die Maschine vom Boden abhebt, werden alle in die Sitze gedrückt (sich zurücklehnen). Wann das passiert, sieht man am entsprechenden Verhalten der Stewardeß, die auch die folgenden Aktionen durch entsprechende Bewegungen und Töne anzeigt, die die Spielgruppe so gleichzeitig und so synchron wie möglich übernimmt.
Ist der Steigflug beendet, sitzen alle wieder gerade. Doch dann ruckelt und hoppelt es, mal stärker, mal schwächer. Aber aufgepaßt: Gerät die Maschine in ein Luftloch, werden alle für einen kurzen Moment aus ihrem Sitz gehoben, bis sie – plumps – wieder auf ihm „landen". In unregelmäßigen Abständen fol-

gen weitere Luftlöcher. (Rhythmus und Tempo variieren!) Schließlich sind diese Turbulenzen vorbei. Doch nun legt sich das Flugzeug in eine Kurve und alle beugen sich (möglichst gleichzeitig in die gleiche Richtung). Achtung, da kommt auch schon die nächste Kurve in die andere Richtung. Plötzlich sinkt das Flugzeug, rüttelt alle und alles durcheinander. Möglicherweise fallen Passagiere, die sich nicht gut angeschnallt haben, von ihren Sitzen herunter auf den Boden. Aber schnell schafft es der Pilot, das Flugzeug wieder nach oben zu ziehen, und die Reisenden können wieder Platz nehmen. Je nach Flugdauer gibt es immer wieder einmal Turbulenzen, Kurven, Luftlöcher und Rüttelaktionen.
Kommt das Flugzeug in ruhigere Gefilde, können wir endlich einmal einen Blick aus dem Bullauge des Flugzeuges werfen. Was wohl die einzelnen Reisenden sehen?
Irgendwann im Verlauf des Fluges gibt es einen kleinen Imbiß, den die Stewardeß den Reisenden serviert, und die Fluggäste tun so, als würden sie „Suppe löffeln", „Pizza essen", „etwas trinken" ... Zum Schluß sammelt die Stewardeß „das Geschirr" wieder ein.
Hoffentlich bekommt allen die Flugspeise und die Luftreise. Sollte jemand reisekrank werden, hat die Stewardeß bestimmt ein Mittelchen zur Hand. Bevor wir wieder auf dem Boden der Tatsachen landen, ist noch Zeit für ein kurzes Nickerchen, um sich etwas auszuruhen. Aber bitte nicht zu laut schnarchen, damit auch der Nachbar etwas dösen kann.
Nach einer kurzen Ruhepause, verkündet die Ste-

wardeß: „Dong-dong. Achtung, meine Damen und Herren, machen sie sich bereit. Wir landen in wenigen Minuten." Die Stewardeß bittet die Passagiere auch, ihre Sicherheitsgurte zu überprüfen oder zu schließen. Dann beginnt der Landeanflug. Das Flugzeug hat jetzt Schräglage nach unten und alle Reisenden nehmen eine entsprechende Sitzhaltung ein, bis der Kapitän mit einem „Hau-ruck" und lautem Bremsenquietschen das Landen hörbar macht. Geschafft! Aber Achtung: Vor dem Aussteigen bitte erst die Gurte lösen und nicht das Gepäck vergessen! Die Stewardeß steht schon an der Ausgangstür des Flugzeuges, um alle Reisenden zu verabschieden. Ein frischer Wind weht den Aussteigenden entgegen. Man darf gespannt sein, wo das Flugzeug gelandet ist.

Variation:
Entsprechend dem Flug kann man auch eine Fahrt mit Zug, Schiff oder Bus gestalten.

Wind und Möwen

Gruppen- und Koordinationsspiel für zwei Spielparteien

Anmerkung: Koordination von Bewegung, Geräusch und Lautstärke
Material: keines

Ausgangssituation:
Ob am Meer oder an einem Fluß – überall wo Was-

ser ist, kann man es immer wieder beobachten: das Zusammenspiel zwischen Wind und Möwen.

Wir probieren:
Ein Teil der Gruppe übernimmt (von der Spielleitung unterstützt oder angeleitet) die Rolle des Windes und tönt mit „f": mal laut, mal leise, mal langgezogen, mal als heftige Sturmböe. Die anderen Spielkinder sind die Möwen, die je nach Windstärke (Lautstärke und Rhythmus) schnell oder langsam, mit raschem Flügelschlag oder im Gleitflug auf der Spielfläche „umherfliegen". Hört der Wind auf zu wehen, lassen sich auch die Möwen auf der Erde nieder und die Rollen werden gewechselt. Die Windmacher werden die Möwen, und die Möwen erproben sich als Windspieler.

Variation:
Statt des Windes macht ein Papierdrachen (ein Spielkind) Jagd auf die umherflatternden Möwen. Wer vom Drachen berührt wird, hängt sich an ihn an, so daß sich allmählich eine Fangkette bildet. Für die Möwen gibt es als Zufluchtsort vor dem Fangdrachen ein Nest. Zum Beispiel eine Matte, ein Tisch, eine abgegrenzte Raumecke (vorher vereinbaren). Das Spiel ist zu Ende, wenn alle Möwen gefangen sind.

Wasser, Wind und Wellen

Requisitenspiel

Anmerkung: Handhabung und Bewegungsmöglichkeiten eines Materials (hier Stoff) erkunden

Material: ein großes, blaues Tuch (etwa 0,90 x 2 m oder quadratisch) aus leichtem Stoff

Wir probieren:

Das Tuch ist der See oder ein Fluß. Die Kinder ergreifen in etwa gleichem Abstand den Rand des Tuches und setzen es in Bewegung: Mal kräuselt sich nur leicht die Oberfläche, dann entstehen große Wellen, und das Wasser ist in Aufruhr. Wir lassen einen Ball auf den Wellen tanzen. Aufgepaßt: Der Ball darf nicht aus dem Wasser „herausfallen"!

Wie man sich ohne Worte verständigen kann

Darstellungsspiel

Anmerkung: die Hände als Ausdrucksmittel erkunden; Konzentration und genaue Beobachtung

Material: keines

Ausgangssituation:

Wenn man die Sprache eines anderen Landes nicht kennt, bleibt immer noch die Verständigung mit Händen und Füßen.

Wir probieren:
Was kann man mit den Händen alles zeigen? Zum Beispiel: (zu-/ab-)winken – auf etwas oder eine Person zeigen – Komm her – ich bin müde – Bauchweh – du spinnst wohl! – Wie bitte? Ich höre nichts – Pst! Leise! – sich die Augen zuhalten (aus Angst oder Schrecken) – die Faust zeigen – mit den Fingern Mengen anzeigen – mit den Händen bitten – sich die Tränen aus den Augen wichen ... Reihum macht jedes Kind eine einfache und deutliche Handbewegung, die die anderen wie ein Spiegelbild so genau wie möglich wiederholen.

Erweiterung:
In einer zweiten Runde wird die Handbewegung mit einem Ton kombiniert, und die Gruppe wiederholt die Verknüpfung von Ton und Geste. Wie wirkt es, wenn man die Bewegung mit einem möglichst unpassenden Ton verbindet?

Variation:
Welche Gesten und Bewegungen mit anderen Körperteilen gibt es, die ohne Worte etwas aussagen? Mit dem Kopf nicken – den Kopf schütteln – mit dem Fuß aufstampfem – das Gesicht verziehen, weil einem etwas nicht schmeckt oder weil man etwas nicht versteht – sich nachdenklich am Kopf kratzen ...

Eine abenteuerliche Flußfahrt

Spielaktion mit Kooperationsspielen

Anmerkung: Geschicklichkeit und Zusammenspiel sind gefragt, denn alle sitzen in einem Boot!

Material: Tücher oder Seile zum Umgrenzen des Bootsumfanges, ein extra Seil für den schmalen Steg

Ausgangssituation:

Wie wäre es mit einer gemeinsamen Flußfahrt? Entweder weil wir unser Reiseziel nur auf diesem Wege erreichen oder weil ein Boot sich als Reisevehikel anbietet. Es handelt sich dabei allerdings nicht um ein Motorboot, sondern um ein Ruderboot, bei dem alle mit vereinten Kräften den Kahn vorwärtsbewegen.

Wir probieren:

Alle sitzen im Boot hintereinander oder (bei einer großen Reisegruppe) in einer Doppelreihe. Der Steuermann (die Spielleiterin) erklärt der Gruppe das gemeinsame Rudern: Als erstes nimmt jeder ein (imaginäres) Ruder in die Hand, das dann im Wechsel mal rechts, mal links in das Wasser getaucht und nach hinten durchgezogen wird – und zwar so synchron wie möglich. Damit das auch funktioniert, gibt der Steuermann den Takt an (z.B. „Ha-hoi. Ha-hoi!"). Bei „Ha" taucht das Ruder links ein, erklingt „Hoi", wird es auf der anderen Seite eingetaucht. Zur Unterstützung zeigt der Steuermann die jeweilige Seite an,

Alle in einem Boot

indem er sich z.B. auf die rechte bzw. linke Schulter klopft. Anfangs ist es nicht ganz einfach, einen gemeinsamen, gleichmäßigen Rhythmus zu finden und zu halten. Aber mit etwas Übung gelingt das immer besser, und der Steuermann kann dann sogar das Tempo beschleunigen und variieren.

Spielverlauf:
Die Flußfahrt nimmt mit kräftigen Ruderschlägen ihren Lauf. Das ein oder andere Hindernis muß umrudert werden. Manchmal schaukelt es heftig und die Ruderer kommen kräftig ins Schwitzen. Wenn aber der Steuermann das zuvor vereinbarte Gefahrensignal (z.B. ein Klatschen, ein Trillern) ertönen läßt, halten die Ruderer sofort inne, verstummen und verharren regungslos. Irgendwo ist eine Gefahr aufgetaucht: im Wasser, am Ufer, dort drüben in dem Gebüsch … Ganz leise und vorsichtig holen wir unser „Fernglas" heraus und visieren die Gefahrenstellen an. Um was handelt es sich? (die Kinder stellen Vermutungen an) Aber pst! Wir dürfen uns nur im Flüsterton unterhalten.

Ist die Gefahr verschwunden oder gemeistert (z.B. mit einem Ablenkungsmanöver), setzen wir unsere Fahrt fort bis zum nächsten Gefahrensignal. Ertönt es, erstarren die Ruderer wie zuvor und erfahren von der Reiseführung, was passiert ist. Vielleicht ist es dieses Mal einfach nur Zeit für eine kleine Erfrischung: Eine imaginäre Wasserflasche wird durch die Reihen gereicht. Und weiter geht es. Aber halt! Stop! Ist da etwa einer über Bord gefallen? Dann werfen wir ihm ein Seil zu und ziehen ihn wieder ins Boot zurück. Aber Vorsicht: fallen mehrere aus dem Boot, besteht größte Gefahr zu kentern und die ganze Rudergesellschaft muß sich ans Ufer retten. Hoffentlich können alle schwimmen. Sonst sollte man Schwimmwesten austeilen. Aber vielleicht haben wir Glück und erreichen unser Ziel auch ohne Kentern. Doch oh je: Dort, wo wir an Land gehen wollen, ist alles sumpfig und morastig. Wir müssen vom Boot zum Ufer einen Steg legen (ein schmales – zusammengelegtes – langes Tuch). Einer nach dem anderen verläßt das Boot und balanciert (bei Bedarf mit Hilfestellung der Spielleiterin) über „den Steg“ an Land.

Landgang und Landschaft

Phantasie- und Fabulierspiel
Anmerkung: Vorstellungen entwickeln, sich ein Bild machen
Material: Papier und Stifte

Ausgangssituation:
Nach größeren Abenteuern ist es manchmal nötig, eine kleine Verschnaufpause einzulegen, die man auch dazu nutzen kann, Kundschafter auszuschikken, die die nähere Umgebung inspizieren, damit wir uns später ein Bild (ggf. eine Karte) machen können, wo wir uns befinden. Sind die Kundschafter aus den verschiedenen Richtungen zurückgekehrt, berichten sie von ihren Beobachtungen. Was haben sie gesehen? Auf welche Hindernisse sind sie gestoßen? Gab es besondere Vorkommnisse (Gerüche, Geräusche)? Gibt es in der Umgebung verborgene Schätze, eine geheimnisvolle Höhle, einen Zauberbaum, gefährliche Räuber, einen verwunschenen Wald, ein rätselhaftes Haus, einen unheimlichen Berg? (Zur spielerischen Umsetzung siehe Kapitel 3 „Im Reich der Wünsche und Verwandlungen.")

Wir probieren:
unsere Beobachtungen in ein Bild umzusetzen und erstellen (malen) eine Karte der (Spiel-)Landschaft, entweder als Gruppenaktion oder jedes Kind fertigt, seine eigene Karte an.

Über Stock und Stein

Gestaltungsspiel

Anmerkung: Vorstellungen entwickeln und diese spielerisc umsetzen; Ausprobieren verschiedener Gangarten

Material: keines

Ausgangssituation:

Wer sich in unbekanntes Gebiet vorwagt, muß sich auf allerlei gefaßt machen. Wege sind nicht immer gradlinig, eindeutig oder gut begehbar. Die Spielleiterin übernimmt die Führung durch das unwegsame Gelände und die Reisegruppe folgt.

Spielverlauf:

Der Weg schlängelt und windet sich in Kurven, im Zickzack, kreuz- und quer und wird allmählich immer schmaler, so daß wir nur noch im Gänsemarsch hintereinander gehen können. Dann kommen wir an einem Abgrund vorbei: Wir setzen Fuß vor Fuß und balancieren auf dem schmalen Weg. Mit einem kleinen Sprung über eine Felsspalte ist dieser Teil des Weges bewältigt, und der Pfad wird breiter. Doch nun erwartet uns Schlamm und Matsch, der unsere Füße beschwert, so daß wir sie nur langsam und mit großer Anstrengung aus dem Schlamm herausziehen können (verlangsamte Bewegungen). Das ist anstrengend, und wir sind froh, als das Schlammgebiet zu Ende ist. Aber da erwarten uns schon Pfützen, die wir mit mehreren großen Schritten oder springend überwinden. Etwas schwieriger wird es bei einem Graben: Da müssen wir mit Anlauf zum Sprung ansetzen. Hoffentlich fällt keiner hinein. Puh! Geschafft! Da kommt man ganz schön ins Schwitzen. Wir fächeln uns etwas Luft zu.

Achtung! Aufgepaßt! Alles ducken! Ganz in der Nähe sind unheimliche Geräusche zu hören, so daß es besser ist, erst mal in Deckung zu gehen. Erst allmählich wagen wir es, langsam wieder größer zu werden. Nichts zu sehen. Vorsichtshalber schleichen wir lieber auf leisen Sohlen weiter, bis wir auf eine große Lichtung kommen. Welche Richtung sollen wir jetzt einschlagen? Wir probieren es nach der einen Seite und müssen über umgefallene Bäume und große Steine steigen. Dann geht es nur noch gebückt weiter, und schließlich stehen wir vor einem undurchdringlichen Gebüsch und müssen wieder umkehren. Also zurück zur Lichtung. Wie war doch gleich die Reihenfolge? Gebückt – große Steine (wieviele?) – umgefallene Bäume (wieviele?) überklettern. Nach einer kleinen Verschnaufpause probieren wir einen anderen Weg aus. Was uns wohl dieses Mal erwartet?

Hindernislauf

Geschicklichkeits- und Koordinationsspiel
Anmerkung: fördert Gespür für den eigenen Körper, seine Möglichkeiten und Grenzen
Material: Stühle, (Hula-hoop-)Reifen, (Spring-) Seile

Ausgangssituation:
Aus den Materialien wird ein Hindernisparcour mit verschiedenen und unterschiedlich schwierigen Aufgaben aufgebaut.

Spielverlauf:
Stuhlaktionen: Unter einer Reihe von hintereinander aufgestellten Stühlen müssen die Spieler hindurchkriechen. Wer schafft es ohne anzustoßen? Weitere Aufgaben: auf einem (kleinen) Stuhl sich einmal um die eigene Achse drehen oder rückwärts auf einen Stuhl steigen/von einem Stuhl herunterspringen und dabei ein Hindernis (eine Matratze, ein Kissen) überspringen. Stühle mit kleinen Zwischenräumen aufbauen und dann darüberlaufen (bei Bedarf Hilfestellung) – den Abstand zwischen den Stühlen vergrößern, so daß man im Slalom zwischen ihnen hindurchgehen kann (ohne die Stühle zu berühren). Wer schafft es, mit einem Gegenstand auf dem Kopf (z.B. einem Buch) zwischen den Hindernissen hindurchzugehen? Stühle als Hindernisse zusammenstellen: übereinander, aufeinander, kreuz und quer. Die Hindernisse müssen umgangen, erstiegen oder überklettert werden.

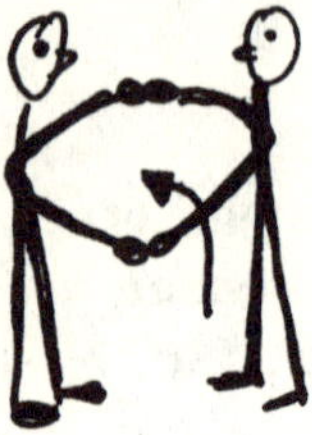

Reifen sind wie Inseln in unterschiedlichen Entfernungen voneinander ausgelegt. Man muß sich entweder mit einem großen Schritt oder einen Sprung von „Insel" zu „Insel" fortbewegen. Wer schafft es, mit verbundenen Augen von einer Insel zur nächsten zu kommen? Oder Reifen werden zu einem Tunnel aufgebaut und müssen durchkrochen werden (ohne anzustoßen!).

Seile: gespannt in unterschiedlicher Höhe mit einem Sprung überwinden/auf dem Boden zum Darüberbalancieren/in Windungen, Kurven, Zickzack, mit Zwischenräumen zum Balancieren auslegen/mit geschlossenen/verbundenen Augen über das Seil gehen. Wer schafft es, in der Mitte des Seiles auf einem Bein stehenzubleiben?

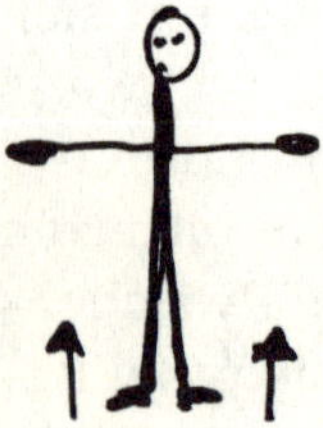

Variation:
In einer größeren Gruppe können die Spielkinder selbst die Hindernisse bilden: sich zum Stein zusammenkauern – seitlich ausgebreitete Arme, unter denen man gebückt hindurchgeht – jeweils zwei Kinder stehen sich gegenüber und bilden mit ihren Armen einen Durchgang (unter-

schiedliche Höhen) – in einer Reihe hintereinanderstehen und die Beine grätschen, so daß ein schmaler Tunnel zum Durchkriechen entsteht – zwei Kinder bilden mit ihren Armen eine Öffnung (ähnlich dem Feuerreif im Zirkus) zum Durchsteigen.

Bastelvorschläge:
Aus einem Bogen Zeitungspapier kann man eine gemeinsame *Kopfbedeckung* (nach dem Prinzip „Tapezierermütze") basteln und mit Stiften anmalen, so daß alle Mitglieder einer Reisegruppe an ihrem Hut zu erkennen sind.
Aus Papprollen entstehen *Ferngläser,* die man sich mit einem Band um den Hals legen kann.
Des weiteren können Reiseutensilien wie Fahrscheine oder Landkarten gemalt werden.

3. Phantastisch & Zauberhaft – Im Reich der Wünsche und Verwandlungen

Voller Begeisterung können Kinder eine Schnecke auf ihrem Weg beobachten oder den Lauf eines kleinen Rinnsals verfolgen. Die Holzmaserung auf der Tür sieht für sie aus wie ein feuerspeiender Drache, und in Wolkengebilden erkennen sie Gesichter oder irgendwelche Tiere. Das Buch, das ihnen aus der Hand fällt, wird als böse beschimpft, und sie schlagen den Tisch, weil sie sich an ihm gestoßen haben. Schmusetiere müssen in Decken eingewickelt werden, damit sie nicht frieren, und den davonrollenden Ball versucht das Kind mit beschwörenden Rufen aufzuhalten. Alltäglichkeiten, Nebensächliches und Details erregen ihre Aufmerksamkeit und wecken Assoziationen und Phantasien. Alles um sie herum, egal ob Mensch, Tier oder Ding, ist belebt und wird von ihnen wie ein Mensch behandelt, der mit denselben Eigenschaften ausgestattet ist wie sie selbst. In dieser Welt des magischen Denkens und Handelns ist noch jede Menge Platz für Wunder und Zauber, Verwünschungen und Beschwörungen. Dort hilft das Wünschen (noch), Träume können wahr werden, und Unmögliches wird auf zauberhafte Weise möglich. Mit magischen Kräften können Dinge, Tiere und Menschen auf ungewöhnliche Weise verändert, verwandelt – eben verzaubert werden. Selbst Probleme lassen sich auf zauberhafte Weise lösen, indem man

Unerwünschtes wegzaubert und Wünschenswertes herbeizaubert – aber nur, wenn man den richtigen Zauberspruch und das passende Zaubermittel kennt!

Zauberklänge und -worte

Kreisspiel mit Tönen und Rhythmen
Anmerkung: geeignet als Einstiegsspiel
Material: keines

Ausgangssituation:
Ins Reich von Zauber und Magie kommt man natürlich nicht auf gewöhnlichem Wege. Man benötigt allerlei Zaubermittel. Manchmal allerdings reicht schon ein einziger, geheimnisvoller Ton, um einen Zauber in Gang zu setzen.

Wir probieren:
Welche Töne können wir mit unserer Stimme hervorbringen? Reihum gibt jeder einen einfachen Ton vor (z.B. bbbbbblubbbbbbern oder glglglgluckern, sssssss-ummen, zzzzzzischen, gu-rrrrrr-geln, wwwwwwwwehen oder eine kräftiger Fffffffflatteron), den die anderen wiederholen. Und wie klingen die Vokale a-e-i-o-u, wenn wir sie möglichst tief/ möglichst hoch/ abgehackt/langanhaltend/wie eine Welle /in sich kreiselnd/ rasch wechselnd zwischen Hoch- und Tiefton sprechen?

Das Zauberwort

Erweitertes Klang- und Tonspiel
Anmerkung: für Sprach- und Sprechmelodie sensibilisieren, geeignet als Einstiegsspiel
Material: keines

Ausgangssituation:
Aus allerlei klangvollen Buchstaben lassen sich phantastische Wort erfinden wie z.B. Hammmmmm-Bo-sssssssad-I! Das Wort wird von Kind zu Kind im Kreis herumgegeben.

Wir probieren:
wie das Zauberwort klingt, wenn man es geheimnisvoll oder beschwörend sagt/murmelt/mit einem anderen Rhythmus/schneller/langsamer, höher/tiefer tönend sagt.

Variation:
Das Zauberwort wird im Kreis von Kind zu Kind weitergegeben und darf verändert werden. Mit der Veränderung wechselt auch die Richtung, in der das neue Wort in der Runde weitergegeben wird.

Zaubersprüche

Kreisspiel mit Sprache, Tönen und Bewegung
Anmerkung: geeignet als Einstiegsspiel
Material: keines

Ausgangssituation:
Eines der wichtigsten Dinge im Reich von Zauber und Magie sind die Zaubersprüche wie die allseits bekannten „Hokus-pokus-fidibus", „Sim-sala-bim" oder „Abrakadabra". Zaubersprüche sind meist vokalreich, spielen mit den Veränderungen einzelner Buchstaben. Sie bieten sich deshalb zu einfachen Sprech- und Intonierungsspielen an.

Wir probieren:
Die Vokale des Wortes zu betonen (HOkUspOkUs). Oder man läßt sie besonders lange tönen (Aaaabraaa kaaaadaaaabraaaa); Silben werden verdoppelt (Sim-sim, sala-sala, bim-bim). Weitere Möglichkeiten ausprobieren wie z.B. abgehacktes oder bedrohliches Sprechen, mit Echo, im Singsang.

Erweiterung 1:
Die Worte oder verschiedenen Silben des Zauberspruches werden mit entsprechenden Bewegungen der Finger/Hände/Arme oder auch des Kopfes/der Schultern kombiniert und rhythmisiert: z.B. Kopf nickt einmal kurz – beide Schultern zweimal hochziehen, Arme überkreuzen. Im Stehen kann man einfache Schrittabfolgen für jeden Teil des Spruches erfinden: z.B. je ein Stampfer rechts und links, dann drei Hüpfer.

Erweiterung 2:
Um in bisher unbekanntes Zauberland vorzudringen, braucht man neue, andere Zaubersprüche, solche, die in keinem Buch stehen. Also erfinden wir eigene Beschwörungsformeln, die sich am Prinzip der bekannten Zaubersprüche orientieren, oder wir suchen nach neuen, eigenen Formen (z.B. Bandwurmworte wie Holdriloderlischrubdiwupphexazaubanix). Zur Unterstützung werden die Worte/Silben mit einfachen, eindeutigen Bewegungen verbunden.

Zauberbeschwörungstanz

Einfache Bewegungsabfolge in der Gruppe
Anmerkung: Gruppengröße beliebig
Material: keines

Ausgangssituation:
Immer wieder gibt es auch böse Zauberer und Hexen, die andere verzaubern. Es gibt verschiedene Mittel, einen solchen bösen Zauber zu durchbrechen.

Wir probieren:
es mit ein paar beschwörenden Tanzschritten. Dafür stellen sich alle im Kreis auf und fassen sich an den Händen. Der altbekannte Rumpelstilzchenspruch wird mit einfachen Schrittbewegungen verbunden und abgewandelt. Zum Beispiel: „Ach wie gut, daß jeder weiß" (rhythmisches Stampfen auf der Stelle, wobei die Knie nach oben gezogen werden). Bei „daß

jeder" kommen alle wie zu einer Verschwörung in der Kreismitte zusammen und wiederholen mehrmals flüsternd die Worte. Schließlich wird der Name des zu erlösenden Kindes laut herausgerufen: „Michael heißt!"

Achtung, Grenze!

Bewegungsspiel für drinnen und draußen

Anmerkung: als Einstiegsspiel geeignet

Material: ein Wäscheseil (oder mehrere Springseile aneinander geknotet) zum Markieren der Grenze

Ausgangssituation:

Falls Zauberworte und -sprüche nicht helfen, um ins Zauberland zu kommen, sollte man sich einfach auf die Suche machen. Vielleicht gibt es irgendwo einen geheimen Zugang oder eine verborgene Tür (für die man allerdings auch häufig ein Zaubermittel wie einen Stab, einen Stein oder einen Spruch benötigt). Manchmal gelangt man auch an die magische Grenze, hinter der sich das Zauberreich befindet. Und natürlich müssen solche Grenzen auf besondere Art und Weise überschritten werden.

Wir probieren:

die Grenzlinie mit einem Sprung zu überwinden: alle gleichzeitig oder einer nach dem anderen. Wer die Grenze berührt, wird sofort zu Stein und muß bewegungslos verharren, bis ihn jemand (die Spielleiterin oder ein anderer Mitspieler) mit dem richtigen Zauberwort oder Ton erlöst.

Variationen:
Der Sprung wird mit einem zuvor vereinbarten Beschwörungslaut oder Ruf begleitet. Statt eines Sprunges müssen die Spieler rückwärts/auf einem Bein/auf Zehenspitzen/auf den Fersen/ auf allen Vieren mit geschlossenen Augen die Grenzlinie überqueren.

Die Zauberwiese

Bewegungsspiel für drinnen und draußen

Anmerkung: Bewegungsmöglichkeiten verschiedener Körperteile ausprobieren

Material: ein Tuch zum Markieren des magischen Spielraumes; es sollte so groß sein, daß alle Mitspieler bequem darauf Platz finden und auch Bewegungsspielraum haben

Ausgangssituation:
Was ist denn das für ein merkwürdiger Ort, der sich deutlich von der Farbe des Fußbodens abhebt? Es könnte z.B. eine Zauberwiese sein, und deswegen sollte man sich vorsichtig dorthin bewegen.

Wir probieren:
Am besten macht die Spielleiterin den ersten Schritt auf das unbekannte Territorium. Dann folgen ihr die anderen. Doch kaum haben sich alle auf dem Tuch versammelt, wird die Spielleiterin „verwandelt": Ihr zittern plötzlich die Knie, und schon werden auch alle anderen von dieser Verwandlung ergriffen. Mit einem „Zauberwort" der Spielleiterin wird die Verwandlung beendet, und rasch verlassen alle die Zauberwiese.
Mal sehen, was passiert, wenn ein anderer als erster den Zauberort betritt? Vielleicht hüpft er auf der Stelle wie ein Ball oder rollt mit den Augen oder seine Hände zappeln. Aber zum Glück gibt es ja Zauberworte, um den Spuk zu beenden. Jedes Mal, wenn alle wieder außerhalb des magischen Terrains sind, kann ein weiterer Mitspieler erneut die Zauberwiese betreten. (Möglichst verschiedene Bewegungen ausprobieren). Das Spiel dauert so lange, wie es Verwandlungseinfälle gibt.

Der lange, lange Tunnel

Bewegungsspiel
Anmerkung: ein ausreichend großer Bewegungsraum; auch für jüngere Kinder geeignet
Material: eine Reihe von Stühlen bilden einen Tunnel

Ausgangssituation:
Im Zauberland gibt es die verschiedensten Örtlichkeiten, die man jeweils mit äußerster Vorsicht behandeln sollte, denn man weiß nie, welche Gefahren oder Überraschungen dort lauern. Kommt man an einen Tunneleingang, so stellt sich die Frage, ob es auch einen Ausgang gibt. Wenn man Glück hat, sieht man einen hellen Lichtpunkt am Ende und darf hoffen, daß es sich um den Ausgang handelt. Aber hoffentlich ist es keine Fatamorgana?!

Wir probieren:
Langsam, damit es nicht zum Stau kommt, kriecht einer nach dem anderen durch den Tunnel. Wer erfolgreich am Ende angekommen ist, gibt dies mit einem freudigen Ausruf kund (z.B. Juchhu!), macht sich beim Verlassen so groß es geht und ruft dann laut und deutlich seinen Namen. Puh! Geschafft!

Tür- und Torwächter

Gruppenspiel mit Einzelaktionen
Anmerkung: auch für jüngere Kinder; Einschätzung der eigenen Fähigkeiten bzw. Möglichkeiten
Material: keines

Ausgangssituation:
All jene Orte, an denen es etwas besonderes gibt (z.B. einen Schatz, einen verzauberten Prinzen, eine ent-

führte Fee oder ähnliches), werden für gewöhnlich bewacht.

Wir probieren:
ob wir Zutritt erhalten, wenn wir die vom Tür- oder Torwächter gestellte Aufgabe erfüllen. Z.B.: ein Lied singen/sich einmal um sich selber drehen/mit geschlossenen Augen mehrere Schritte geradeaus gehen usw. Die Aufgaben können entsprechend den individuellen Möglichkeiten der Kinder gestellt werden, oder sie werden jeweils von der gesamten Gruppe ausgeführt.

Variation:
Damit der Wächter den weiteren Weg frei gibt, muß jeder in der Gruppe ein „Kunststück" nach eigener Wahl vorführen, so daß jedes Kind entscheidet, was es – entsprechend seiner Fähigkeiten – zeigen will.

Die Geheimtür

Darstellungsspiel
Anmerkung: als Einstiegsspiel geeignet; auf Einzelheiten achten; nicht zu große Gruppe
Material: keines

Ausgangssituation:
Manchmal kommt man nicht weiter, weil man vor einer Tür steht, die sogar verschlossen sein kann. Und Türen im Zauberland sind immer voller Geheimnis-

se und Überraschungen. So sieht man sie z.B. nur, wenn man sich wie die Spielleitung eine Phantasiebrille aufsetzt. Dann kann man ihre Umrisse genau angeben (mit der Hand Höhe und Breite der imaginären Tür umfahren), und jeder weiß daraufhin, ob der Eingang klein und niedrig ist und man sich beim Durchgehen ducken muß oder ob die Türöffnung so schmal ist, daß man sich nur seitlich durchschieben kann.

Spielverlauf:
Ist die Geheimtür entdeckt, drücken wir die Türklinke. Mist! Abgeschlossen! Gibt es irgendwo so etwas wie eine Klingel? Wenn nicht, machen wir uns durch Klopfen (Klopfgeste und dazu ein Geräusch; z.B. Klopf-klopf) bemerkbar. Wir horchen und warten. Nichts zu hören. Durch das Schlüsselloch ist auch nichts zu sehen. Vielleicht ist irgendwo der Schlüssel versteckt? Und tatsächlich, beim Abtasten der Türumrandung entdeckt die Spielleitung das Schlüsselversteck. Hoffentlich paßt der gefundene Schlüssel! Also, probieren wir mal: Schlüssel ins Schlüsselloch stecken, vorsichtig drehen, bis es klickt und klackt – zaubervielfacherweise – und dann läßt sich die Geheimtür quietschend und ächzend öffnen. Achtung, für

Wiederholungsaktionen an derselben Tür: In welcher Richtung wird sie geöffnet? Muß man die Tür von sich wegdrücken oder zu sich heranziehen und dabei einen Schritt zurücktreten?
Falls man Pech hat, befindet sich ein paar Schritte hinter der ersten Tür eine weitere Geheimtür, deren Öffnen man einem der Mitspieler überlassen kann. Was wohl die Spielgruppe hinter der letzten Geheimtür erwartet?

Das Zauberreich erkunden

Phantasiespiel
Anmerkung: eigene Vorstellungen entwickeln und darstellen
Material: keines

Ausgangssituation:
Um sich einen Eindruck zu verschaffen von den Örtlichkeiten, lassen wir am besten eine Art Kundschafter (die Spielleitung) vorausgehen, damit er uns rechtzeitig vor Gefahren und Schwierigkeiten warnen kann.
Vielleicht können auch Spielerkinder (einzeln oder paarweise) die Kundschafterrolle übernehmen. Als Hilfestellung stellt die Spielleiterin den Kundschaftern eine konkrete Aufgabe: Wie riecht es dort vorne? Gibt es weitere Gänge oder Türen? Was ist zu hören? Gibt es dort andere Wesen/Menschen/Tiere/Dinge?

Was kommt nach der nächsten Biegung? Was befindet sich hinter dem Vorhang/dem Felsvorsprung/dem knorrigen Baum/dem Hügel?

Wir probieren:
Durch entsprechende Gesten und Aktionen wird die jeweilige Örtlichkeit verdeutlicht: einen Vorhang zur Seite schieben/in einen engen Gang hineinschleichen/eine Tür vorsichtig öffnen.

Spielverlauf:
Die Gruppe folgt dem Kundschafter. Kaum sind sie ein paar Schritte gegangen, erwartet sie auch schon die erste Überraschung. „Vorsicht! Der Boden wird jetzt furchtbar klebrig, so daß man nur mit viel Mühe seine Füße wieder hochnehmen kann." (Alle spielen das mühsame Hochziehen der Füße.) Im folgenden kann man an stinkende Örtlichkeiten gelangen, so daß man sich die Nase zuhalten muß, oder es ist so stockfinster, daß man sich vorsichtig vorwärts tasten muß. Und was erwartet uns hinter der Geheimtür dort vorne auf der Lichtung?

Das Zauberkästchen

Phantasiespiel und Kreisspiel für drinnen und draußen

Anmerkung: die Fähigkeit, sich etwas vorzustellen und dies spielerisch darzustellen

Material: keines

Ausgangssituation:

Zu den Dingen, die man in einem Zauberreich finden kann, gehört z.B. das Zauberkästchen, in dem sich allerlei spannende Sachen befinden können, die man erriechen oder erhören kann.

Die Spielleiterin mit ihrem geschulten Zauberblick entdeckt das „Kästchen" als erste und ergreift es (mit beiden Händen die vorgestellte Größe umfassen).

Wir probieren:

Das „Kästchen" wird im Spielkreis reihum herumgegeben, ohne daß es jedoch seine Größe verändert. Ist das Kästchen wieder bei der Spielleiterin angekommen, gibt es eine neuerliche Entdeckung. Wenn man es leicht schüttelt, ist ein Ton oder ein Geräusch zu hören (die Spielleiterin intoniert z.B. einen Quietschton). Das hört sich an wie …? Mal nachschauen, was sich in dem Kästchen befindet. Vorsichtig hebt die Spielleiterin den Deckel und benennt eine vorgestellte Sache („ein Auto, das gerade bremsen mußte"). Der Deckel wird wieder geschlossen, und nun können andere Mitspieler dem Kästchen neue Töne ablauschen wie z.B. klingeln/summen/schmatzen/quietschen/hupen/brummen/klappern/

jaulen/krähen ... (verschiedene Töne ausprobieren, für die es auch verrückte Erklärungen geben darf).

Variation:
Aus dem Kästchen kommen keine Töne, sondern man öffnet es einen Spalt breit, um hineinzuschnuppern. Nach was riecht, duftet oder stinkt es wohl? Und was passiert, wenn man den Deckel öffnet und hineinschaut? Der imaginäre Gegenstand wird herausgeholt: Wie groß ist er und was kann man damit machen?

Der Zaubertrunk

Ruhiges Kreis- und Darstellungsspiel
Anmerkung: zur Entspannung und als Einstiegsspiel geeignet
Material: ein Geräuschinstrument oder eine sanfte Musik (gesungen/vom Band/von der CD) um die Zauberreise musikalisch zu untermalen.

Ausgangssituation:
Um möglichst rasch an einen anderen Ort zu gelangen, hilft es manchmal, sich eines Zaubertrunkes zu bedienen, der einen sozusagen im Handumdrehen in eine neue Umgebung katapultiert – vorausgesetzt, es geht nichts schief und es wurden keine falschen Zutaten zusammengemixt.

Wir probieren:
reihum einen Schluck aus dem imaginären Becher, über dem die Spielleiterin (die Hand umfaßt die angenommene Bechergröße) zuerst einen geheimnisvollen Zauberspruch gesprochen hat, bevor sie ihn einem Spielkind reicht, das ihn ergreift, ohne dessen Form und Größe zu verändern. Es nimmt einen Schluck und reicht ihn an den nächsten in der Runde weiter, und so wandert der Becher im Kreis herum.

Spielverlauf:
Es dauert eine Weile, bis der Zaubertrunk wirkt – nämlich genau so lange, bis der Becher einmal die Runde gemacht hat. Dann heißt es für alle: Augen zu! Zur Einstimmung auf die weitere Reise durch das Zauberland kann die Spielleiterin entweder ein Instrument (Tambourin, Glöckchen, Gong) ertönen lassen, oder eine entsprechende Musik begleitet den Weg über phantastische Städte und Dörfer, wundersame Wiesen, verwunschene Täler, zauberhafte Berge ... Und dann heißt es: Augen auf. Wo sind wir denn gelandet? Hat alles geklappt, sind wir z.B. von zauberhaften Dingen umgeben. Jedes Kind benennt eine Sache, die sich im Zauberland befindet. Sollte etwas schief gegangen sein, sitzen wir eventuell in einer stockfinsteren Höhle und können nichts und niemanden sehen. Oder es hat uns hoch hinauf auf einen Baum verschlagen und alles unter uns erscheint winzig, winzig klein.

Der Wunschbrunnen

Kreisspiel mit Einzelaktionen
Anmerkung: sich etwas vorstellen und wünschen; gefordert ist Zusammenspiel und aufeinander hören und schauen.
Material: ein Seil (ca. 1 bis 2 m)

Ausgangssituation:
Zu den schönsten Zaubereien gehört es, daß man sich Wünsche erfüllen kann, zum Beispiel mit Hilfe des Wunschbrunnens, der sich irgendwo im Zauberreich befindet. Wenn man Glück hat, trifft man auf eine gute Fee, die den Weg kennt und uns vielleicht sogar an den verborgenen Ort des Wunschbrunnens führt.

Wir probieren:
Zwei (oder mehr) Kinder bilden mit ihren Armen die Brunnenöffnung. Ein Kind steht als „Seilwinde" daneben. In der einen Hand hält es ein Seil oder langes Tuch; der andere ausgestreckte Arm bildet die „Kurbel", die man langsam drehen muß, damit das Seil in den Brunnen hinabgelassen wird.

Der Wunschbrunnen

Der Wünscher dreht vorsichtig die „Kurbel" und äußert dabei seinen Wunsch: „Eins-zwei-drei-vier, ich wünsche mir ...". Dabei senkt sich das Seil langsam in den Brunnen hinab. Ist es unten angekommen, hört man ein eindeutiges Platschen (die Brunnenspieler intonieren das Geräusch). Der Wünscher ruft in den Brunnen hinein. Zum Beispiel: „Hallo, hört ihr mich?“ oder „Ich wünsche mir ein Fahrrad“. Aus dem Brunnen tönt immer das letzte Wort des kurzen Satzes als Echo zurück (also „mich“ oder „Fahrrad“). Per Kurbeldrehen holt der Wünscher das Seil wieder nach oben, an dem sich die gewünschte Sache befindet, die der Wünscher gestisch mit einer einfachen Aktion darstellt. Z.B.: öffnet er das Säckchen mit Gold und nimmt eine Münze heraus. Oder das neue Fahrrad wird sofort ausprobiert: den Lenker ergreifen und die Klingel ertönen lassen. Der Hamster wird auf den Arm genommen und gestreichelt.

Variation:
Der Wunsch wird nicht erfüllt/anders erfüllt/das Gegenteil geht in Erfüllung.

Das Zaubertuch

Verwandlungsspiel im Kreis
Anmerkung: fördert Phantasie und Vorstellungsfähigkeit
Material: ein Tuch (mindestens 1,60 x 1,40 m oder größer)

Ausgangssituation:

Als Verzauberungsmittel gibt es im Reich der Zauberer, Hexen und sonstigen Magier die unterschiedlichsten Mittel und Methoden. So finden Verwandlungen oft unter einem Tuch statt; wer sich darunter befindet, wird verzaubert in eine Sache oder in ein Tier.

Wir probieren:

Ein Spielkind setzt sich in die Kreismitte und wird mit dem Zaubertuch bedeckt. Eine anderer übernimmt die Rolle des Zauberers und erhält als Statussymbol einen Stab. Die anderen versammeln sich im Kreis um das Tuch und lassen es leicht auf- und niederflattern, während sie einen zuvor vereinbarten Zauberspruch sprechen. Das Schlußwort hat der Zauberer, der sagt, in was das Kind unter dem Tuch verwandelt werden soll. Wird das Tuch weggezogen, zeigt das Kind seine Verwandlung in einen Stuhl, eine Kiste, einen Ball, ein Buch, einen Hasen, einen Frosch, in dem es die entsprechende Haltung einnimmt und dann Bewegungen und Töne macht. Mit dem Ruf: „Eins-zwei-drei, Zauberzeit vorbei" beendet der Zauberer die Verwandlung. Wer läßt sich als nächstes verzaubern und wer ist der nächste Zauberer?

Variation:

Man kann auch einfache Zauberreime erfinden, die etwas über den Zauber aussagen wie z.B. „Zwillezwalle-zwockel, jetzt bist du ein Gockel" – „Zwillezwalle-zwuckel, jetzt hast du 'nen Buckel."

Der verflixte Stuhl

Darstellungsspiel
Anmerkung: (Er-)Finden von Reaktionen; die Gruppe sollte nicht zu groß sein
Material: ein Stuhl

Ausgangssituation:
Irgendwann trifft man bestimmt auch auf den verflixten Stuhl, der es in sich hat. Wenn man sich daraufsetzt, dann passiert etwas.

Wir probieren:
Wer sich auf den Stuhl setzt, wird gepikst/abgeworfen wie von einem Pferd/wie von einer Feder hochgeschleudert/von einem heftigen Juckreiz überfallen/man wird soooo müde und muß dauernd gähnen/die Worte bleiben einem im Hals stecken/Musik fährt einem in die Knochen … Weitere Möglichkeiten suchen und ausprobieren.

Verhext – verwünscht

Reaktions- und Bewegungsspiel
Anmerkung: ausreichend Bewegungsspielraum
Material: ein Signalinstrument (Gong, Pfeife o.ä.)

Ausgangssituation:
Hexen und Hexer haben die Macht, anderen etwas anzuzaubern oder ihnen etwas wegzuzaubern, und das erwischt einen dann oft unvorhergesehen.

Wir probieren:

Ein Spielkind übernimmt die Rolle des Hexers. Die anderen bewegen sich kreuz und quer durch den Raum, bis der Hexer einen Gong (oder ein anderes Signalinstrument) ertönen läßt. Alle bleiben daraufhin regungslos stehen, und der Hexer spricht seine Verwünschung aus: Alle haben ein bleischweres Ohr, das den Kopf zur Seite herunterzieht/alle Beine sind aus Holz, so daß man nur mit durchgedrückten Knien gehen kann/die Füße sind am Boden festgewachsen/ alle können nur noch rückwärts gehen/alle haben keine Sprache mehr und können sich nur noch mit Gesten verständigen/alle reden Kauderwelsch … Der Zauber hält so lange an, bis das Signal erneut ertönt. Danach bewegen sich alle wieder im normalen Schritt, und die Hexerrolle wird an den Mitspieler vergeben, der eine neue Verhexungsidee hat.

Variation:

Die Gruppe bekommt eine Eigenschaft angezaubert, die alle jedoch individuell umsetzen: – Fröhlichsein/ rund/schwer/dick/riesengroß. Oder: Der Zauber klappt nicht, und das Kind wird in das Gegenteil verwandelt (statt groß wird man klein, statt dick dünn usw.). Unter Umständen ist es notwendig, mit der Gruppe ein paar Beispiele auszuprobieren: Was ist das Gegenteil von …

Höhnisch-hektisch-heißer-hexisches Gelächter

Kreisspiel, Töne machen
Anmerkung: Gruppengröße beliebig
Material: keines

Ausgangssituation:
Hexen, Gnome, Elfen, Zwerge, Riesen und all die anderen ungewöhnlichen Bewohner von Zauberländern haben oft ein besonderes Lachen, das mal riesig, mal geisterhaft, mal elfenhaft zaghaft oder auch ganz einfach fürchterlich hexisch klingen kann. Lauschen wir ihnen ein paar ihrer Lacharten ab.

Wir probieren:
Jeweils einer aus der Spielrunde horcht in die Richtung, aus der das vermeintliche Lachen kommt, das er dann der Gruppe vormacht. Alle wiederholen dieses Lachen. Ein anderer lauscht (in eine andere Richtung) und hört ein anderes Lachen. Zum Beispiel: schrill/grell/kichernd/prustend oder gar bedrohlich/schläfrig/eingebildet.

Hexenkessel

Auflockerungsspiel
Anmerkung: auch auf kleinerem Raum spielbar
Material: Stühle werden kreisförmig (Sitz nach außen) aufgestellt und bilden den Hexenkessel.

Wir probieren:
Aus lauter Neugierde klettern alle Spieler in den Hexenkessel. Da taucht auch schon der Hexenmeister auf, stellt sich auf einen der Stühle und beginnt kräftig zu rühren (entsprechende Handbewegungen). Je nachdem, in welche Richtung der Arm rührt, bewegen sich die Spielkinder im Hexenkessel. Achtung: Richtungswechsel und Rührtempo! Zum Schluß heißt es „Deckel zu“, und im Hexenkessel sinken alle müde zusammen.

Hexenkessel

Der verwunschene Spiegel

Darstellungsspiel

Anmerkung: Gesichter machen/Haltungen einnehmen; genaues Beobachten wird gefordert und gefördert

Material: keines

Ausgangssituation:

Die Gesichter einiger Zauberwesen sehen eher schauerlich als schön aus. Und wenn man in ein solches Gesicht blickt, bekommt man sofort den gleichen Gesichtsausdruck. Achtung also, wenn man in verwunschene Spiegel schaut.

Wir probieren:

verschiedene Gesichtsausdrücke. Wie sieht es aus, wenn man die Augen zusammenkneift oder weit aufreißt, den Mund verzieht, Zähne zeigt, die Lippen fest aufeinanderpreßt. Wie kann man mit den Händen bzw. Fingern das Gesicht/den Gesichtsausdruck verändern?

Spielverlauf:

Sind einige Möglichkeiten ausprobiert, übernimmt ein Spielkind die Rolle des verwunschenen Spiegels, vor dem sich die anderen versammeln – am besten im großen Halbkreis. Die Spieler schließen die Augen und dürfen sie erst wieder öffnen, wenn ein akustisches Signal der Spielleiterin ertönt. Dann schauen alle in den „Spiegel" und versuchen das dort von dem Spiegelspieler gezeigte Gesicht so genau wie möglich nachzuahmen.

Wie man Drachen erlöst

Reaktions- und Körperspiel
Anmerkung: Endlich darf man mal fauchen und erlaubterweise böse sein
Material: keines

Ausgangssituation:
Immer wieder erwischt es die Menschen. Sie werden in bösartige Ungeheuer verzaubert wie z.B. einen Drachen. Tag um Tag hoffen sie auf ihre Erlösung. Irgend jemand muß eine ganz bestimmte Stelle an ihrem Körper berühren, damit aus dem Drachen wieder ein Mensch wird.

Spielverlauf:
Auf einem Stuhl thront der „Drache" und döst vor sich hin. Nur er und die Spielleiterin, der er zuvor die geheime Stelle (rechter Daumen, Nasenspitze, Bauch usw.) zugeflüstert hat, wissen, wo man ihn berühren muß, um den Zauber aufzulösen. Nun probiert das erste Kind aus der Gruppe sein Glück und berührt den Drachen. Hat es die falsche Stelle erwischt, faucht der Drache furchterregend, und man zieht sich besser wieder zurück. Das nächste Kind versucht sein Glück. Reihum darf so lange probiert werden, bis jemand die richtige Stelle berührt hat und der erlöste Drache sich mit einem Hurra zum Menschen erhebt.
Dann werden die Rollen gewechselt. Wer spielt jetzt den verzauberten Drachen, bei dem natürlich eine andere Erlösungsstelle zu finden ist?

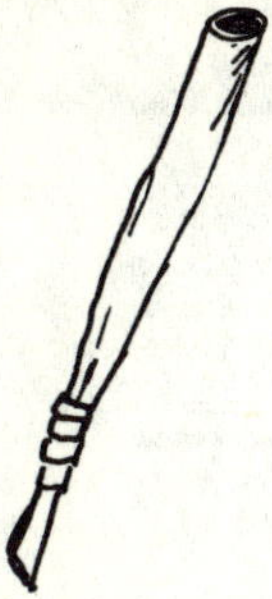

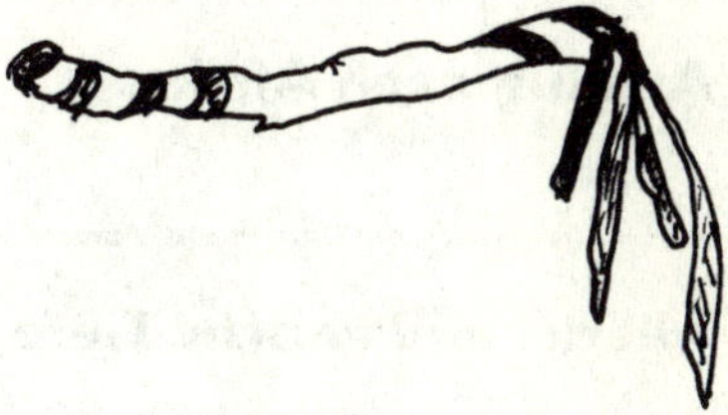

Zauberstab Hut Hexenbesen

Bastelvorschläge:

Was man für die Zauberspiele basteln kann:
Zauberstäbe werden aus dickem Papier zusammengerollt, mit Tesafilm verklebt und mit Kreppapierstreifen verziert.
Zauber- oder Hexenhüte: aus Fotokarton Spitztüten formen, die mit Buntpapier verziert werden und einen Hutgummi zur Befestigung unter dem Kinn erhalten.
Einen bunt verzierten *Hexenbesen* kann man z.B. aus Holzstöcken basteln, die man im Wald oder Park gesammelt hat. Sie werden mit bunten Bändern oder Stoffstreifen umwickelt.

4. Spielaktionen

Ausflug nach Afrika

Allerlei afrikanische Tiere

Darstellungsspiel

Anmerkung: die typischen Merkmale verschiedener afrikanischer Tiere erkennen und spielerisch umsetzen

Material: eventuell ein Sachbilderbuch zum Thema

Ausgangssituation:

Wie stellen sich Kinder Afrika vor? Was wissen sie von diesem Kontinent? „Das ist weit weg." – „Da ist Wüste, und manchmal ist es dort sehr heiß." – „Und da gibt es keine Geschäfte. Man kann überhaupt nix kaufen." – „Aber dort gibt es auch Dschungel und viele Tiere." – „Ja, vor allem ganz viele Löwen und Leoparden." – „Aber auch Giraffen und Elefanten, Krokodile und Zebras." – „Und ich glaube, da gibt es auch Leute."

Um uns kundig zu machen über die afrikanische Tierwelt, schauen wir uns gemeinsam ein Sachbilderbuch an. Welches sind typische Erkennungszeichen der verschiedenen Tiere? Ganz klar, der Elefant hat einen langen Rüssel und zwei große Flatterohren. Löwen und Leoparden haben Krallen und können ganz fürchterlich fauchen, während die Krokodile meistens im Wasser dösen und ein großes Maul haben. Affen essen bevorzugt Bananen und können ganz schön Krach machen.

Flatterohren

Wir probieren:
große *Elefantenohren:* Die rechte Hand greift ans rechte Ohr und die linke Hand ans linke Ohr. Nun können wir mit den Ellbogen fast so gut wedeln wie die Dickhäuter mit ihren großen Flatterohren. Den langen baumelnden *Rüssel* kann man durch einen herabhängenden Arm darstellen, der sich nach oben biegt, um dann verschiedene Trötgeräusche ertönen zu lassen. Unterschiedliche Lautstärke, Rhythmen, Lautkombinationen ausprobieren. Als *Schlange* bewegen wir uns schlängelnd auf dem Boden vorwärts und geben Zischgeräusche von uns. Und wer kann züngeln? *Krokodile* liegen auf dem Bauch und bewegen sich mit ihren vier „Beinen" krabbelnd vorwärts. Beim Auftauchen aus dem Wasser (blubb-blubb) heben sie den Kopf und machen ihre große Klappe auf: Die weit nach vorne gestreckten, aufeinandergelegten Arme werden mit einer Art Gähngeräusch weit geöffnet. *Löwen* und *Leoparden* zeigen ihre Pranken, fauchen und sind gute Schleicher. Wer schleicht am geräuschlosesten durch den Raum? *Affen* springen munter durch die Gegend, kratzen

Affig

sich mal hier und mal da, fletschen zum Spaß die Zähne. Und wer kann das Schälen und Essen einer Banane gestisch darstellen? Bunte *Vögel* flattern leicht und beschwingt mit ihren ausgebreiteten Flügelarmen durch den Raum und putzen sich ihr schönes Gefieder, das sie immer wieder ordentlich glattstreichen.

Elefantenkarawane

Darstellungs- und Gruppenspiel: Alle machen das gleiche (gleichzeitig oder nacheinander)

Anmerkung: fordert und fördert das Zusammenspiel sowie körperliche Koordination; auch für größere Gruppen geeignet

Material: keines

Wir probieren:

Alle Kinder bewegen sich als Elefanten mit schweren Schritten und gebeugtem Oberkörper vorwärts. Ein Arm baumelt als Rüssel herunter und kann in besonderen Situationen nach oben gehoben werden, um z.B. ein „Tö-tö-rä-tö" erschallen zu lassen. Der zweite Arme zeigt nach hinten und stellt den Elefantenschwanz dar. Alle stellen sich in einer Reihe hintereinander auf und fassen sich an: „Rüsselhand"

Elefantenkarawane

greift „Elefantenschwanz". Wir vereinbaren, mit welchem Elefantenfuß wir den ersten Schritt machen und los geht's. Mit gleichmäßigen, schweren Schritten zieht die Elefantenkarawane durch den Raum. Bleibt das Leittier stehen, tun es die anderen ebenfalls. Dann hebt der erste Elefant seinen Rüssel und läßt eine Trompetentonfolge erschallen, die die restliche Elefantengruppe im Anschluß als Chor wiederholt. Dann bekommt die Gruppe ein neues Leittier, das neue Wege geht und natürlich auch andere Töne von sich gibt.

Variation:
Ist die Gruppe nicht zu groß, kann die Tonfolge des Leittieres auch von Tier zu Tier weitergegeben werden.

Löwen im Schleichgang und mit Gebrüll

Darstellungs- und Gruppenspiel; auch für größere Gruppen geeignet

Anmerkung: sensibilisiert für Lautstärke und Tonintensitäten

Material: keines

Wir probieren:

Bevor es losgeht, wetzen die Löwen ihre Krallen (Fingerkuppen reiben in den Handteller). Dann darf jeder reihum seine kralligen Pranken vorführen und dabei furchterregend fauchen. Der König der Löwen gibt ein Zeichen, und nun schleichen alle so leise wie es nur geht durch den Raum. Hin und wieder bleibt der Löwenkönig stehen, hält Ausschau. Da! Eine Beute ist ausgemacht (ein Stuhl, ein Kissen oder eine Kiste im Raum). Auf ein Zeichen hin ducken sich alle rasch im hohen Gras. Auf ein Kommando des Löwenkönigs stürmt die Meute los – mit Gebrüll – und umstellt die Beute (einen möglichst dichten Kreis um den Gegenstand bilden). Dann heißt es: Guten Appetit! Und es darf geschmatzt werden.

Variation:

In vornehmen Löwenkreisen wird nicht einfach nur beim Angriff gebrüllt, sondern das Ganze erfolgt in Abstufung: Vom leisen Brüllaut „Uha" steigert sich der Ton mit jedem Schritt, den die Gruppe auf die Beute zumacht. Die Zunahme der Lautstärke dirigiert der Löwenkönig mit der höher zeigenden Hand. Auf dem Höhepunkt (dem lautesten Ton) greift die

Löwenmeute schließlich mit infernalischem Gebrüll an. Hat sie sich um die Beute versammelt, so wird der Brüllton Stück für Stück zurückgenommen, immer leiser, bis er verstummt und schließlich vom genüßlichen Schmatzen abgelöst wird.

Auf Safari – Jagdszenen aus Afrika

Rate- und Reaktionsspiel; Zusammenspiel zwischen zwei Gruppen

Anmerkung: fordert und fördert gemeinsames Agieren und Reagieren und das Einhalten von Abmachungen

Material: ein großes Tuch, ein möglichst langes Seil; ggf. mehrere Stühle

Ausgangssituation:
Das Jagen von Tieren gehört in vielen afrikanischen Dörfern noch immer zum Lebensalltag. Doch für jedes Tier gibt es bestimmte Fangmethoden. Bevor es losgeht, werden die jungen Jägerspieler eingewiesen: Sie dürfen immer nur als geschlossene Jägergruppe handeln, die sich entsprechend den zu fangenden Tieren der jeweiligen Fangmethode bedient. Auch die Tiere müssen in ihrer Gruppe zusammenbleiben.

Wir probieren:
die verschiedenen Fangmethoden. Vögel fängt man mit einem Netz (großes Tuch), das den Vogelspielern

übergeworfen wird. Für Löwen und Leoparden baut man eine Falle: Ein Seil wird um möglichst viele Löwen als geschlossener Kreis gelegt. Krokodile bekommen ein Holzscheit ins Maul gesteckt: Wenn einer in der Krokodilgruppe Töne von sich gibt, muß der Jäger nur mit ausgestrecktem Arm auf den Tönenden deuten. Diesem bleibt dann das Maul offen stehen. Die restlichen Tiere werden mit präparierten Pfeilen betäubt: D.h. man legt gestisch Pfeil und Bogen an, und mit einem „Tschik" löst sich der Pfeil und trifft das anvisierte Tier genau an der Stelle, die der Jäger benannt hat (z.B. „Stirn!"). Au! Das Tier greift sich an die getroffene Stelle.

Spielverlauf:
Die Gruppe wird geteilt in eine Tierhorde und einen Jägertrupp, die möglichst weit voneinander entfernt Aufstellung nehmen. Eine Stuhlbarriere kann einen Wald andeuten, in dem sich die Tiere aufhalten, bis sie heraustreten, um ins Visier der Jäger zu geraten. Die Tierspieler sprechen sich ab, als welches Tier sie auftreten werden. Die Spielleitung gibt ein Startzeichen (z.B. einen durchdringenden Urwaldruf) und schon tritt die Tiergruppe hervor. Der Jägertrupp muß blitzschnell reagieren und gemeinsam die richtige Fangmethode anwenden. Natürlich werden die Tiere immer den kürzeren ziehen. Dafür werden in der nächsten Runde die Rollen getauscht. Aus Jägern werden Gejagte.

Tierangriffe: Gegenmittel mit Gegenwirkung

Darstellungs- und Reaktionsspiel in zwei Gruppen
Anmerkung: die Phantasie sowie das Denken von Umkehrungen werden angeregt
Material: keines

Wir probieren:
Eine Reisegruppe ist im Dschungel unterwegs und wird plötzlich von einer Tiergruppe (Drohhaltung) angegriffen. Was tun? Zum Glück hat der Reiseleiter ein Funkgerät dabei, mit dem er Kontakt zu einem Tierkenner (z.B. der Spielleitung) aufnehmen kann. Diese schickt sofort einen Boten mit einem Mittel gegen die angreifenden Tiere. Doch oh weh! Das Mittel zeigt die entgegengesetzte Wirkung. Das verabreichte Lachpulver bringt bei den Tieren Krokodilstränen hervor. Auch die folgenden Mittel wirken immer gegenteilig. Das Schweigemittel hat ausgiebiges Quatschen zu Folge, das Leisemittel produziert Lautstärke, der Appetitzügler macht hungrig und nach dem Schlafmittel sind die Tiere quicklebendig. Das Hau-ab-Mittel probieren wir lieber nicht. Aber vielleicht hilft „Hallo-wach". Und tatsächlich! Sind die Angreifer eingeschlafen, kann sich die Reisegruppe davonschleichen und dann können die Rollen für ein weiteres Spiel neu verteilt werden.

Der Rummelplatz

Kirmes, Rummel oder Kerb, das bedeutet immer auch der Reiz des Ungewohnten, wenn man z.B. mit dem Riesenrad, der Schiffschaukel oder dem Karussell seine Runden dreht. Da ist der Nervenkitzel der Achter- oder Geisterbahn und die Glücks- und Gewinnversprechen von Losbuden oder den Geschicklichkeitsforderungen beim Büchsenwerfen u.a. Einige der Rummelaktivitäten lassen sich ohne großen materiellen Aufwand spielerisch umsetzen und darstellen.

In einem ausreichend großen Spielraum können die verschiedenen Spielangebote als Bude aufgebaut und von den Spielkindern gegen Bezahlung in „Batschern" (leichte Klatscher in die ausgestreckte Innenhand des Gegenübers) benutzt werden. Kostet eine Aktivität z.B. drei Batscher, so klatscht das zahlende Kind dem anderen dreimal in die Hand.

Diese Art von „Rummel" läßt sich ohne große Vorbereitungen auch im Rahmen eines kleinen Festes durchführen.

Schiffschaukel: Setzen und Stehen

Koordinations- und Partnerspiel

Anmerkung: Balance und körperliche Geschicklichkeit werden gefördert

Material: eine Glocke (oder anderes Signalinstrument) zum Einläuten der jeweiligen Runde (ggf. auch als Endzeichen)

Wir probieren:

Jeweils zwei Kinder von möglichst ähnlicher Körpergröße bilden die Schaukel. Sie fassen sich an den Händen. Ertönt der Gong, darf sich die Schiffschaukel in Gang setzen: Kind A geht langsam in die Hokke, während Kind B stehenbleibt. Vorsicht, nicht die Hände loslassen! Dann geht das stehende Kind langsam in die Hockstellung hinunter, und Kind A kommt langsam in den Stand. Wie bei der Schiffschaukel entsteht eine wippende Hin- und Herbewegung.

hin und her

Die Schiffschaukel

Karussellfahren

Geschicklichkeitsspiel für eine Vierergruppe
Anmerkung: Koordination und Kooperation; ein ausreichend großer Bewegungsraum
Material: ein Signalinstrument für den Beginn und das Ende

Wir probieren:
Vier Mitfahrer stellen sich sternförmig auf: Man schaut jeweils auf den Rücken des Nächsten und streckt den Arm, der in den Innenkreis zeigt, waagerecht aus, so daß sich alle vier Spieler fest an den Händen halten. Auf ein Signal hin, setzt sich das „Karussel" langsam in Bewegung. Dabei sollten die Abstände zwischen den vier Karussellfahrern möglichst beibehalten werden. Wie schnell kann sich das Karussell drehen, ohne daß es auseinanderbricht? Vorsicht: genügend Platz im Umfeld des Karussells lassen, damit es beim „Heraus- bzw. Auseinanderfallen" der Karussellfahrer keine Verletzungen gibt.

Variation:
Richtungswechsel:
Das Karussell fährt in die entgegengesetzte Richtung: rückwärts! Aber bitte langsam und vorsichtig!

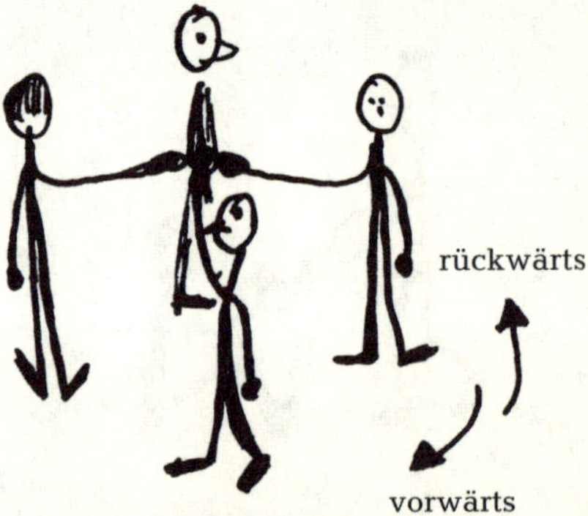

Das Karusell

Umwerfend

Geschicklichkeitsspiel
Anmerkung: Ziel- und Treffsicherheit, Umgang mit dem Ball
Material: ein Softball

Wir probieren:
Mehrere Spieler stehen als Schießbudenfiguren in einer Reihe. Der Werfer gibt an, welche der „Figuren" er an welcher Stelle (Benennunng des Körperteils) zu treffen beabsichtigt. Mal sehen, ob der Ball das anvisierte Ziel erreicht?!

Der sprechende Esel

Sprech- und Phantasiespiel
Anmerkung: auch für sprachscheue Kinder geeignet
Material: keines

Wir probieren:
Ein Kind übernimmt die Rolle des Esels, der von seinem Dompteur vorgeführt wird. Der kluge Esel kann jede Frage beantworten. Wer die verlangten „Batscher" gezahlt hat, darf eine Frage stellen, die der Esel umgehend beantwortet. Bitte nicht wundern, falls man die Antwort nicht versteht. Das liegt daran, daß der Esel eine Reihe von ausgefallenen Fremdsprachen beherrscht, so daß der Fragende sich nur an den fremd klingenden Lauten erfreuen kann.

Noch mehr Rummel – Ideen

Als weitere Rummelplatz-Aktivitäten bieten sich Geschicklichkeitsspiele mit verschiedenen Sportgeräten an:

mit dem Ball: Wer wirft am weitesten? Ein entfernt aufgestellter Gegenstand muß mit einem Ball getroffen werden. Eine hochgehaltene Schnur muß überworfen werden ...

mit *Holzreifen* als Hüpfkästchen, die man auf einem Bein durchspringen muß; mehrere senkrecht aufgestellte Holzreifen, die wie ein Tunnel durchkrochen werden müssen ...

Hüpfseile, die man überspringen muß, wobei das Seil immer höher gehalten wird ...

Bastelvorschläge

Für die Losbuden werden z.B. Lose mit „Pech" und andere mit „Glück" vorbereitet. Wer eine Zahl (oder einen bunten Punkt) auf seinem Zettel hat, der hat Glück gehabt bzw. gezogen, und der schwarze Punkt bedeutet leider Pech (Niete). Für dieses Spiel kann man auch

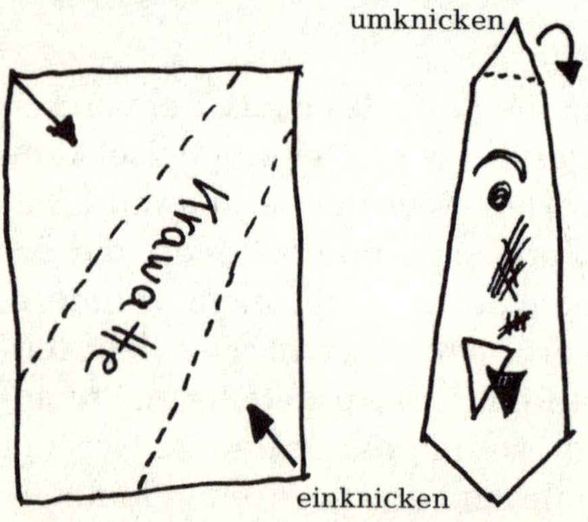

einfache Gewinne basteln wie z.B. kleine, gemalte Bilder (geschickt zerschnitten und in Papier verpackt sind sie ein Puzzle) oder eine Perle mit Schnur als Halskette bzw. Armband; Kronen aus Papier, aus Papier gefaltete und bemalte Hüte oder Krawatten. Die Krawatte wird am oberen Ende umgeknickt und kann dann in die Bluse, das Hemd oder T-Shirt eingesteckt werden.

Vom Umziehen und anderen Veränderungen

Spielecken werden umgeräumt, Puppenstuben neu eingerichtet, das Tobezimmer wird umgestaltet, der Sandkasten umgebuddelt, das Gärtchen verändert, der Hinterhof neu gestaltet. Kinder richten sich in ihrer unmittelbaren Umgebung für ihr Spiel und im Spiel alle erdenklichen Örtlichkeiten her vom Kaufmannsladen über den Schrottplatz bis zu allerlei Behausungen (Höhlen, Wohnungen usw.). Auch wenn es am Ende immer zum Mißfallen der Spieler „Aufräumen" heißt, so ist das Einrichten und Gestalten für Kinder ein wichtiges Erprobungs- und Betätigungsfeld.
Veränderungen wie z.B. Um- und Ausbau, Haus- oder Straßenbau gehören zum Erlebnisbereich der Kinder, und einen Wohnungsumzug haben einige schon selber einmal miterlebt als aufsehnerregendes Erlebnis. In Spielsitautionen kann dabei noch allerlei Unerwartetes passieren!

Der Umzug: alles zusammenpacken und abtransportieren

Darstellungsspiel

Anmerkung: Verschiedene Möbel/Gegenstände werden von Spielern mit einer typischen Aktion dargestellt; Eröffnungsspiel, um einen Spielraum zu gestalten

Material: mehrere längere Seile, um Spielräume abzugrenzen.

Ausgangssituation:
Was sich so alles in einer Wohnung befindet, erfährt man am ehesten, wenn man auszieht und alles zusammenpackt. Sophia (5) erinnert sich: „Als wir umgezogen sind, da waren ganz viele Leute da, und wir haben alle Sachen rumgeschleppt. Da hat auch meine Tante geholfen. Alles haben wir verpackt und dann rausgebracht aus der Wohnung."

Wir probieren:
In einem Flur, der rechts und links von zwei Seilen begrenzt wird, stehen die Möbel und Gegenstände, die abtransportiert werden sollen. Je ein Kind übernimmt die Darstellung eines Gegenstandes. Welche Geräusch- oder Bewegungsmöglichkeit gibt es für das jeweilige Möbelstück bzw. die Sache?

Spielverlauf:
Sind alle Möbel und Gegenstände im Flur versammelt, übernimmt ein Spieler die Rolle des Umziehenden, der sich zwischen den aufgereihten Gegenstän-

den hindurchschlängeln muß, weil es an der Wohnungstür klingelt. (Wer übernimmt das Klingelzeichen?) Kommt er den Dingen zu nahe (eine sanfte Berührung der Gegenstandsdarsteller durch den Spieler), zeigen die Dinge ihr Eigenleben, geraten in Bewegung oder machen Geräusche. Der Ball hüpft und rollt durch den Flur. Die Schranktür öffnet sich quietschend. Das Telefon läßt mit einem Plumps seinen Hörer wippend herunterbaumeln. Die Glasvase wackelt erst hin und her und kippt dann um. Oh wei! Jetzt hat sie einen Sprung bekommen oder der Henkel ist abgebrochen. An der Tür klingelt es immer noch. Wer könnte das wohl sein?

Erweiterung: Die Möbelmänner sind da!
Ein Möbelstück nach dem anderen wird vorsichtig abtransportiert und in einem Möbelwagen verstaut. Schwere, größere Möbelstücke werden von zwei Leuten weggebracht, während ein Ball auch von einem alleine getragen werden kann. Die Möbelmänner „tragen" die gespielten Möbel und Gegenstände, indem sie durch Greifhaltung dem Gegenstandsdarsteller signalisieren, daß er nun abtransportiert wird. Daraufhin setzt sich dieser trippelnd in Bewegung – bis hinaus zum Möbelwagen (ein durch Seile abgegrenzter Ort).

Holpriger, kurviger Möbeltransport

Teamspiel

Anmerkung: Koordination von Bewegungen und Aktionen in der Gruppe sind erforderlich

Material: keines

Ausgangssituation:

Es gibt den vollgepackten Möbelwagen und die beiden Möbelträger, die im Fahrerhaus des großen Transporters Platz nehmen. Der Fahrer läßt den Motor an, der kurz aufheult, und dann setzt sich das Fahrzeug tuckernd in Bewegung.

Wir probieren:

Je nach Bewegung des Fahrers legen sich die „Möbel" in die Kurve, mal nach rechts, mal nach links. Ist die Straße holprig, werden sie durchgerüttelt. Wird gebremst, so gibt es erst einen Ruck nach vorne, dann nach hinten, und schließlich kommen die Sachen zum Stillstand. Der Motor wird abgeschaltet. Wir sind da! Jetzt heißt es ausladen.

Der Einzug: Wo kommen die Möbel hin?

Organisations- und Planungsspiel

Anmerkung: Zuordnungen herstellen: ein Raum wird ein- und aufgeteilt; ausreichend Spielraum; als Einstiegsspiel geeignet

Material: Seile zum Markieren von Wohnungs- bzw. Raumgrenzen

Ausgangssituation:
Die Wohnungseinteilung wird festgelegt: Wo ist der Flur, das bzw. die Zimmer (Küche, Klo, Wohnraum)? Je nach Spielfläche, die zur Verfügung steht, kann es sich entweder um eine Mehrzimmer- oder Einraumwohnung handeln. Die Wohnungseinteilung wird zur Orientierung mit Seilen o.ä. markiert. Die Eingangstür wird von einem Spieler dargestellt. Wo befindet sich die Türklinke und die Klingel?

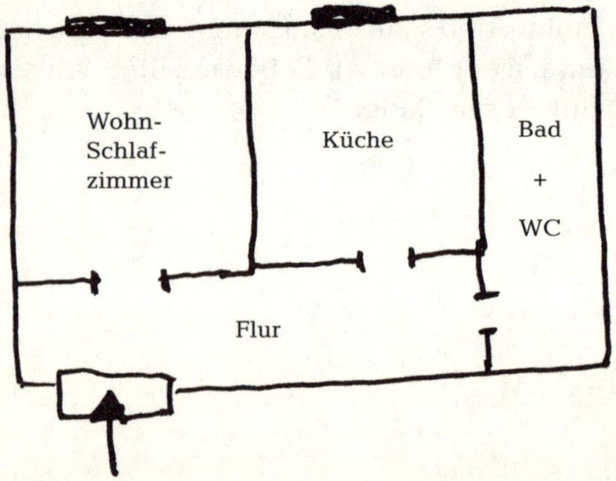

Spielverlauf:
Im großen Umzugswagen befinden sich alle Möbel. Aber bevor die Möbelträger die Sachen in die Wohnung bringen, klingeln sie an der Wohnungstür. Wer weiß, vielleicht ist der neue Mieter gar nicht zu Hause? Glück gehabt. Da wird auch schon die Tür geöffnet, und das Hereinschleppen der Möbel kann beginnen.
Ach du liebe Güte, so viele Sachen für so eine kleine Wohnung! Hoffentlich paßt das alles hinein! Da kommt auch schon der erste Möbelträger: „Wo soll die Uhr hin?“ Der Mieter gibt Auskunft: „Wenn's die Küchenuhr ist, dann in die Küche. Die Standuhr kommt ins Wohnzimmer – oder vielleicht in den Flur?“
Und da kommt auch schon der zweite und erkundigt sich: „Wohin kommt die Stehlampe?“Der Mieter entscheidet sich für einen Standort. Ein Möbelstück nach dem anderen wird in die Wohnung transportiert und auf Anordnung des neuen Mieters aufgestellt – dahin oder dorthin oder vielleicht doch besser an diese Stelle?! Endlich ist es so weit: geschafft! Die Möbel sind alle in der neuen Wohnung verstaut.

Kaputt, defekt und voller Macken

Darstellungsspiel

Anmerkung: Gegenstände in ihren Funktionen erspielen und dabei Einzelheiten und Zusammenhänge beachten und erkennen; als Fortsetzungsspiel möglich

Material: keines

Ausgangssituation:

Als alle Gegenstände und Möbel in der neuen Wohnung plaziert sind, muß man leider feststellen, daß durch den Umzug einige Dinge aus ihrer Ordnung geraten sind. Sie funktionieren nicht mehr oder nicht mehr richtig und müssen repariert werden.

Spielverlauf:

Die Glühbirne der Lampe ist kaputt. Kein Problem: Die Birne wird herausgedreht und durch eine neue ersetzt. Die Uhr tickt unregelmäßig, und der Wecker klingelt zu unerwarteter Zeit. Der Ball ist ganz eingeschrumpft, weil ihm die Luft ausgegangen ist. Kein Problem: Mit einer Pumpe blasen wir ihm neue Luft ein, und er wird wieder rund und prall wie zuvor – vorausgesetzt, er hat kein Loch. Das müßte man flikken. Und was machen wir mit der klemmenden Schranktür? Wie bringt man die wieder in Ordnung? Sollte dann auch noch der Wasserhahn tropfen und dicke Rauchschwaden aus der Küche kommen, weil dort das Ofenrohr defekt ist, so holt man am besten einen Fachmann. Hoffentlich funktioniert wenigstens das Telefon, um einen Handwerker anzurufen?!

Variation: Furios-kurioses Durcheinander:
Manchmal geht es nicht mit rechten Dingen zu. Da spielt alles verrückt (wegen dem Umzug!). Da tickt die Stehlampe, das Telefon blinkt, aus dem Herd kommen die Nachrichten (oder Wettervorhersage), im Schrank klingelt es ...

Wenn's stürmt, wackelt oder brennt

Zuordnungs- und Bewegungsspiel

Anmerkung:	logisches Bedenken von Konsequenzen (wenn es regnet, dann ...)
Material:	mehrere rote Tücher (für den Brandstifter)

Ausgangssituation:
Kaum haben die Bewohner ihre (inzwischen voll eingerichtete) Wohnung verlassen, kommt es zu allerlei Ereignissen, die auch schwerwiegende Folgen haben können (wie im Falle von Feuer).

Wir probieren:
Einmal bleibt die Wohnungstür offen stehen, und ein heftiger Wind weht durch alle Räume, so daß sich die Vorhänge am Fenster blähen, der Ball herumkullert ... Welche weiteren Gegenstände werden bewegt? Und welche bringt so schnell kein Wind in Bewegung? Was passiert mit den verschiedenen Gegenständen und Möbeln, wenn sie von einer Erschütterung heimgesucht werden? Hoffentlich bleiben die

Gläser und Tassen im Schrank heil. Wenn die Vase oder die Stehlampe nach einigem Wackeln umkippen, gibt es Scherben bzw. eine zersprungene Glühbirne. Vorsicht mit den Scherben, wenn man nachher den Schaden beseitigt!
Hoffnungslos ist die Lage, wenn ein Brandstifter mit seinen „Feuertüchern" ins Haus kommt und damit eine Sache nach der anderen in Brand setzt: Wer „entzündet" wird, bekommt ein rotes Tuch übergeworfen, und mit den Händen spielen die Gegenstandsdarsteller die züngelnden Flammen. Dabei knistert es (die Spieler machen die entsprechenden Geräusche), und allmählich verbrennen die Sachen (langsam in sich zusammensinken), bis nur noch ein Häufchen Asche übrig bleibt. Was für eine erschrekkende Überraschung, wenn der Mieter nach Hause kommt!

Weiterführende Aktion: Brandstifter gesucht
Sollte es noch brennen, ruft der Mieter am besten die Feuerwehr zum Löschen. Danach wird die „Asche" zu einem großen Haufen in einer Ecke „zusammengekehrt". Die Polizei wird benachrichtigt und macht sich auf die Suche nach Indizien. Dabei stößt sie auf die Feuertücher. Aha! Jetzt heißt es, den Brandstifter zu suchen. Alle Spieler – außer dem Brandstifter – verlassen für einen Moment den Raum, damit der Brandstifter seine verräterischen Feuertücher verstecken kann. Mal sehen, wer das Indiz zuerst entdeckt!

Verzeichnis der Spielgeschichten

Spaß am Vorspielen fördern

Sylvia Schopf
Was jeden Tag passiert
Spielgeschichten für
Kindergarten und
Vorschule
Mit s/w Illustrationen
88 S. Kt.
ISBN 3-7867-2094-0

Kinder spielen das, was sie tagtäglich erleben. So bewältigen sie den Alltag und lernen, Neues auszuprobieren. Die sehr anschaulich beschriebenen Spielgeschichten fördern die Fähigkeit von Kindern, ihre Alltagserlebnisse darstellend umzusetzen.
Wie sie dabei durch angeleitetes Spiel gefördert werden können, ist Thema dieses Buches. Die wichtigsten Mittel dazu sind: der eigene Körper und seine Ausdrucksmöglichkeiten, sowie die Sprache als Ton- und Sprechinstrumentarium.

Matthias-Grünewald-Verlag · Mainz

Spaß an Musikspielen

Elisabeth Hoffmann
Musik im Spiel
für Kindergarten und Vorschule
Mit s/w Illustrationen
120 S. Kt.
ISBN 3-7867-2091-6

Im Spiel kommen Kinder mit vielen Seiten der Musik in Berührung. Es beginnt mit dem Hören auf Geräusche, Klänge, Töne und vor allem aufeinander. Im Sinne eines erlebnisorientierten pädagogischen Ansatzes stellt dieses Buch Wahrnehmungsspiele, Spiele mit der eigenen Stimme, Bewegungs-, Tanz- und Interaktionsspiele mit Musik vor. Ruhig werden, zu sich finden, sich konzentrieren – diesen Bedürfnissen kommen Entspannungsspiele mit Musik entgegen.

Matthias-Grünewald-Verlag · Mainz